Denken nach Botho Strauß

Fröhliche Wissenschaft 237

Philipp Theisohn

Denken nach Botho Strauß

Begegnungen in einer anderen Zeit

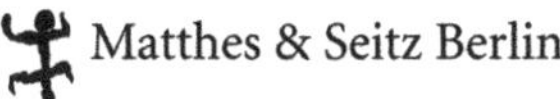
Matthes & Seitz Berlin

Inhalt

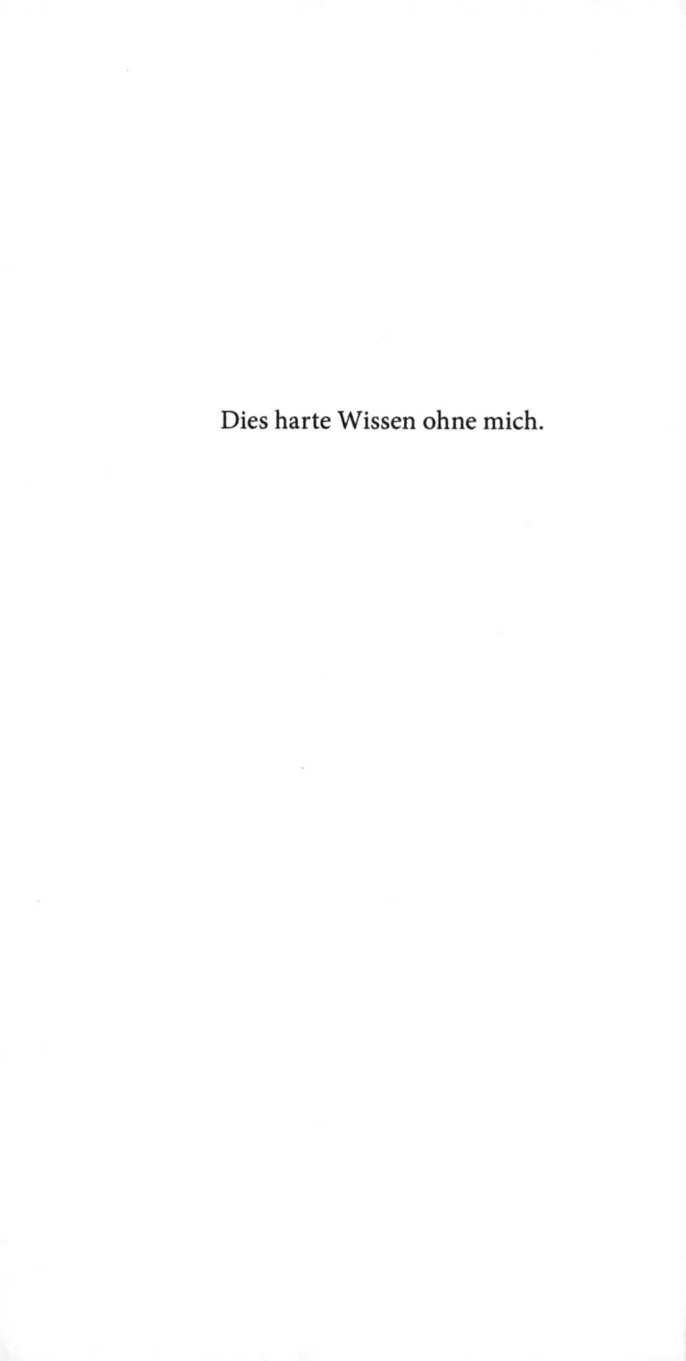

Dies harte Wissen ohne mich.

I

1. Nach der Mitternacht

Als ich begann, mich mit Botho Strauß zu beschäftigen, lag die Welt, die sich im Werk des Autors wiedererkannt und ihn zu einem ihrer großen Deuter auserkoren hatte, bereits im Rücken. Die Deutschen, eine Nation, der ich damals noch angehörte, hatten sich gerade wiedervereinigt; das Westberlin, das mit Strauß' Theatererfolgen, aber auch mit dem Milieu, das sich in *Paare Passanten* besichtigen lässt, symbiotisch verwachsen war, gab es nicht mehr. Bald schon sollte sich der Klang seines Namens, der Ton, in dem man von Botho Strauß sprach, verändern. Als 1993 im *Spiegel* sein »Anschwellender Bockgesang« erschien, schickte ich mich gerade an, die Schule zu verlassen. Vermutlich wird adoleszente Empörung der primäre Affekt gewesen sein, den der Text in mir hervorrief. Immerhin hatte man noch die brennenden Häuser, den Mob von Hoyerswerda und Rostock-Lichtenhagen, die Toten von Mölln und Solingen vor Augen – und da sprach nun einer unter Bezugnahme auf Girard von »Rassismus und Fremdenfeindlichkeit« als »›gefallene[n]‹ Kultleidenschaften, die ursprünglich einen sakralen, ordnungsstiftenden Sinn hatten«.[1]

Das öffentliche Entsetzen, das sich unter anderem an solchen Zeilen entzündete und in das ich mich damals sicher eingefunden hätte, entzog sich jedoch zum allergrößten Teil meiner medial doch sehr eingeschränkten Wahrnehmung. Erst ein paar Jahre später sollte ich die ins Unermessliche ausgeuferte Debatte um den »Bocksgesang« noch einmal nachvollziehen. Längst war sie da philologisch aufbereitet, war das, was man die »Performanz« des Essays nennen könnte, bis ins kleinste Detail durchleuchtet. Dementsprechend schwer fiel es mir, mich ein zweites Mal von ihm affizieren zu lassen. Bis heute erachte ich den Text vorrangig als Schauspiel, die Feuilletonleser und -schreiber als Chor.[2] Dass Strauß seinen – ursprünglich literarischen – Beitrag ausgerechnet im *Spiegel* lancierte, in jenem Magazin also, das der Arzt in der Schlussszene von *Groß und klein* auf den Lesetisch seines Wartezimmers wirft, spricht in der Tat für eine hellsichtige Dramaturgie des eigenen Worts. Das unruhige, ja: beunruhigende Oszillieren, das sich mit dem Begriff der

»Gegenaufklärung« verbindet,[3] seine Hinwendung zu als auch seine Abwendung von Adorno registriere ich in der Lektüre jedoch durchaus.[4]

Intellektuell wenig fruchtbar erschien mir unterdessen die zu jedem Jubiläum des »Bocksgesangs« wiederkehrende Auseinandersetzung um die politische Verortung des Autors. Dass es immer eine antiutopische, aufklärungsskeptische, eben: eine »antimoderne« Moderne gegeben hatte, das war ja nicht wirklich neu; dass deren Hyperbolik nicht nur die Fortschritts- und Konsumgläubigkeit liberaler Gesellschaften avisiert, sondern notwendigerweise auch die in ihnen verankerte Moralität für ein Simulakrum halten muss – um das zu verstehen, musste man nur Benns *Der Ptolemäer* gelesen haben. Das Leben als »Abgrund, in den sich alles in seiner Wertverwahrlosung blindlings hinabwarf, sich bei einander fand und ergriffen schwieg«[5] – und so fort.

Nur: Sollte es wirklich verwundern, dass jemand, der sich zur Definition vorwagt, »[r]echts zu sein, nicht aus billiger Überzeugung, aus gemeinen Absichten, sondern von ganzem Wesen, das ist, die Übermacht einer Erinnerung zu erleben, die den *Menschen* ergreift, weniger den Staatsbürger«,[6] dann auch in jenem Licht gesehen wird, in das er sich aus freien Stücken gestellt hat? Natürlich lässt sich auf der anderen Seite anführen, dass die gegebene Definition des »Rechten«

keine im engeren Sinne politische Definition ist, sondern einen »Akt der Auflehnung [...] gegen die Totalität der Gegenwart« bezeichnen soll, »die dem Individuum jede *Anwesenheit* von unaufgeklärter Vergangenheit, von geschichtlichem Gewordensein, von mythischer Zeit rauben und ausmerzen will«.[7] Man kann dawider argumentieren, dass diese Definition im weiteren Sinne dann eben doch eine politische sei, weil sie letzthin in Abrede stellt, dass demokratische Gesellschaften sich ihren Grund selbst zu geben vermögen (was sich – zugegebenermaßen – ja tatsächlich so verhält), und dass aus der Unverfügbarkeit dieses Grundes heraus sich wiederum eine Rechtfertigung dezisionistischen, im Zweifel tribalistischen Handelns ableiten lasse. Dem wäre wiederum entgegenzuhalten, dass Strauß' Essay sich von völkischen Umtrieben explizit abgrenzt, dass er im Gegenteil die weiterhin ungeläuterte Kontamination der Deutschen durch die Naziverbrechen, »eine über das Menschenmaß hinausgehende Schuld«,[8] den Fremdenhass, insbesondere aber auch den stets schwelenden Antisemitismus als Problem benennt – dass er jedoch nicht mit Lösungen, sondern nur mit Ursache aufwarten kann. Die Ursache: Wo kein mythisches Bewusstsein, da keine Tragödie; wo keine Tragödie, da keine Katharsis; wo keine Katharsis, da nur Hygiene, verkachelte Hausfassaden, abwaschbare

Schuld, moralische Beliebigkeit. »Die Deutschen sind nach wie vor zu jeder Schandtat bereit und ebensofort bereit, die begangene Schandtat aufgebracht zu bereuen.«[9] Sie töten wahl- und heillos, ebenso wahl- und heillos geben sie sich hinterher betroffen. Daraus folgt keineswegs ein Appell zur Rückkehr zum Verbrechen in Würde, sondern nur Trauer um die Gegenaufklärung als »oberste Hüterin des Unbefragbaren, des Tabus und der Scheu«.[10]

Das mag man nun für desperat, zynisch oder konsequent halten. Schwer zu verstehen ist es jedoch nicht – was mein Interesse am »Anschwellenden Bocksgesang« deutlich schmälerte. Der Text gab mir keine echten Fragen mehr auf. In der Nachbetrachtung war er umstellt vom Furor des Augenblicks, den ich verpasst hatte: durch den von Thomas Assheuer konstatierten »Einschnitt«[11] in die deutsche Nachkriegsgeschichte, den von Peter Glotz ausgerufenen Ernstfall (»Notiert euch den Tag, Freunde, *es war* die SPIEGEL-Ausgabe vom 8. Februar 1993. Es wird ernst«),[12] den qua rhetorischer Frage alludierten Faschismus-Vorwurf in der *taz.*[13] Im Hintergrund schien eine Erzählung von Enttäuschung und Verrat auf, die in jenem »Abschied von Botho Strauß« gipfelte, mit dem Peter von Becker in *Theater heute* den ehemaligen Redakteur der Zeitschrift aus der Reihe der relevanten Gegenwartsdramatiker strich.[14] Erschien mir diese Kommentierung in der Nachbetrachtung als ein gegenüber dem Kern von Strauß' Denkbewegungen sich bloß äußerlich Verhaltendes, so galt dies erst recht für das Gebaren derer, die den »Bocksgesang« zum Gründungstext einer erhofften »Konservativen Revolution« stilisierten[15] oder ihn hämisch als überfälligen Schlag gegen das »juste milieu« feierten. All das: Schaukämpfe in einer Arena, in der man Botho Strauß selbst nirgends zu sehen bekam, Gefechte um einen Text, der – wie auch immer gedeutet – auf einmal das hermeneutische Epizentrum eines Werks bilden sollte, das sich um so vieles schwieriger ausnahm als das literaturbetriebliche Skandalon.

Mittlerweile hatte ich Strauß nämlich *gelesen.* Wieder auf ihn gestoßen war ich erstmals in der 1990 erschienenen deutschen Übersetzung von George Steiners *Real Presences*, der ein Nachwort beigegeben war mit dem Titel »Der Aufstand gegen die sekundäre Welt. Bemerkungen zu einer Ästhetik der Anwesenheit«. Die Gedanken, die mir vom »Bocksgesang« erinnerungswürdig bleiben sollten – die dichterische Fantasie als »Phantasie des Verlustes«, als Sensorium im Kampf der temporalen Regime, mit dem der »Wiederanschluß an die lange Zeit, die unbewegte« zu suchen sei[16] –, schienen mir hier nicht nur vorbereitet, sondern auch in den Horizont eingerückt zu sein, in den sie eigentlich gehörten und in dem sie an Tiefe gewinnen konnten. Es war der Horizont, in dem Botho Strauß arbeitete, dem seine Figuren entstammten und in dem seine Landschaften lagen. Hier ließ sich verstehen, woher dieser Autor sprach, und hier würde sich auch entscheiden, ob ich in dieses Gespräch eintreten konnte.

Für einen Literaturwissenschaftler, der sich aus freien Stücken dafür entschieden hatte, sein Leben dem Sekundären zu unterstellen, nahm sich die Lektüre dieses Nachworts natürlich zunächst einmal als eine Lektion in Selbstverachtung aus. Die Geste des »Aufstands« hatte im Theoriegebäude der Neunziger immer noch der Poststrukturalismus gepachtet, und das subversive Selbstverständnis der Philologien hing an jener Geste, mit der man Bedeutung in Rhetorik, in Derridas Spiele der Differenz oder in Barthes' *jouissance* verwandeln konnte. Der von Strauß beschworene Aufstand richtete sich jedoch augenscheinlich *gegen* ebendiese Verwandlungskünste, die Steiner als paradoxale Mechanismen einer fortschreitenden Depotenzierung der Kunst ausgemacht hatte, der er unverhohlen die »fossilgewordene Autorität des *logos*« entgegenhielt.[17] An solch einer transzendenten Begründung der Kunst hatte Strauß offensichtlich Gefallen gefunden und in Steiners »sekundärer Stadt« auch die ihm bereits entfremdete Öffentlichkeit erkennen können, »eine umfassende Mentalität des Sekundären, die tief eingedrungen ist in die Literatur, in die Gelehrsamkeit, die Philosophie und nicht zuletzt in den Glauben und seine Ämter«.[18]

Unheimlich las sich das in jenen Jahren, verstand man doch nur allzu gut seine eigene Verstrickung in diesen Komplex. Amphetamingeschwängert holte einen vor den Büchern stets die Sucht zum steten Kommentar, zum Zerreden der Dinge und zur Betrieblichkeit ein, verschaffte einem kurzfristig das Hochgefühl der Häresie, die gar keine mehr war, weil sie nichts kostete. Und doch blieb im Angesicht des Kunstwerks immer das stumme Eingeständnis zurück, das nichts von dem, was wir beizutragen hatten, wirklich Arbeit, wirklich von Belang, wirklich Schöpfung war, sondern genauso leer wie man selbst. Während im Hintergrund noch ein Soundtrack pulsierte, der unsere Angst, dass Pop die einzige Kultur sei, die wir jemals kennenlernen würden, schonungslos offenlegte,[19] versprach mir »Der Aufstand gegen die sekundäre Welt«, dass »die Mitternacht der Abwesenheit überschritten« sei.[20]

Nach Mitternacht also sollte der Blick sich wenden und die Welt darüber eine andere werden. Schnell verstand ich, dass es hier keinesfalls um eine Rückkehr zu geordneten semiotischen Verhältnissen, zur »rationalen Sprachtheorie«

ging, sondern dass es Strauß, mehr noch als Steiner, um ein grundsätzlich neues Verständnis von Kunst zu tun war. »Ästhetik der Anwesenheit«, das meint: im Zeichen das Bezeichnete selbst zu erkennen, nicht naiv, nicht als Spur, sondern als Substanz. Die Überzeugung, »daß das Bildnis des Mädchens nicht ein Mädchen zeigt, sondern daß es das Mädchen *ist* unter der Gestalt von Farbe und Leinwand«,[21] stellt nicht nur den Künstler, sondern den Menschen als »sakramentales Wesen«[22] überhaupt in eine neue Beziehung zur Wirklichkeit. Sie verpflichtet ihn – dies war der Gedanke, der mich eigentlich für den Text gewann – zur »Antwort«. Wer Zeichen setzt, der antwortet. Er ist nicht nur bei sich, sondern tritt in eine unmittelbare Beziehung zu dem, dem er die Zeichen gibt, zu dem, das er ins Werk setzt. In der Sprache verhandelt man nicht *über* die Dinge, sondern *mit* ihnen; achtet man sich dessen nicht, dann tut man ihnen Gewalt an. Dieses Bewusstsein macht den Unterschied aus zwischen Forschen und Verstehen, zwischen Gerede und Gespräch. Wer sich mit Dichtung umgibt, wer schreibt und liest, der steht in ihrem Dienst:

> Die unergründliche Schrift bedarf der tagtäglichen Glossierung. Diese aber schützt das Wort, umwebt die Wahrheit mit Antwort. Das war ihr Text. Der uns beherrschende Text, die

> tagtägliche Zeitung, entlarvt indessen überall das scheinhafte Wort, er macht das Gewebe der Welt fadenscheinig.[23]

In dieser Differenz – hier der antwortende, verdichtete, dort der zerfasernde, durchscheinende Text, der »Klartext« – lag vieles beschlossen. Hätte ich Strauß als einen Theoretiker gelesen, wäre auch bereits viel gewonnen gewesen. Denn dass die Schrift nur dann ihrem Gegenüber, ihrer Wirklichkeit gerecht werden kann, wenn sie diese in ihrer Andersheit belässt, sie nicht im eigenen Denken auflöst und einer universalistischen Logik unterwirft: das sollte ich mitsamt dem Rückgriff auf das talmudische Prinzip und der Rede vom Werk als »Opfer«[24] wenig später auch bei Lévinas wiederfinden.[25] Wenn im »Bocksgesang« den Deutschen vorgehalten wird, »ihren Nächsten überhaupt nur als den grell ausgeleuchteten Nachbarn in einer gemeinsamen Talkshow zu kennen«, da sie »offenbar das sinnliche Gespür [...] für die Fremdheit *jedes* anderen, auch der eigenen Landsleute, verloren« hätten,[26] dann ist hierin auch das Echo jener fundamentalen, heiligen Alterität zu vernehmen, deren angestammter Resonanzraum allenfalls in der Textethik zu suchen ist.

Ich las Botho Strauß aber weder als Theoretiker noch als Dogmatiker, sondern als einen Suchenden, als jemanden, der um die Unhaltbarkeit der eigenen Lage weiß. Um George Steiners Hader mit der Dekonstruktion bekümmerte er sich wenig. Vielmehr beschäftigte ihn die Frage, ob und auf welchem Wege man sich schreibend aus der sekundären Welt befreien könne. Das war die Frage, die auch mich umtrieb, und je präziser sie bei Strauß formuliert war, desto weniger Hoffnung machte ich mir, dass sie überhaupt, geschweige denn zu meinen Gunsten entschieden werden könnte:

> Setzte nicht aber die Wiederbegegnung mit dem Primären, für die hier so unerschrocken plädiert wird, zuerst voraus, daß eine revelatische Befreiung des Menschen stattfände, ein Zerreißen all der Texte und Texturen, in die er sein Herz und sein Antlitz gehüllt hat?[27]

Was nach Erweckungserlebnis klingt, nach radikaler Abkehr von allem, was man weiß und mit sich trägt, ist eine echte, keine rhetorische Frage, und zugleich überantwortet Strauß sie am Ende seines Nachworts einem Gespräch. Der »liberale Skeptiker« verweist dort auf das Individuum, das für sich zwar einen »rigorose[n] Willen zum Irrationalen«[28] entwickeln könne, aber auch in diesem eben immer nur seiner Vereinzelung nacheile. Der ins Auge gefasste Aufstand zielt jedoch auf eine Gemeinschaft, die an eine gemeinsame Wahrheit, eine gemeinsame Rede gebunden bleibt. Auftritt des »Fulguristen«:

> Kein noch so komplexes, hochentwickeltes, gleichgültiges, liberales und strapazierfähiges Gemeinsames vermag sich gegen den Blitz zu schützen, der es umordnet. Wenn der Schein wild wird nach Gestalt, wird er den Spiegel zum Bersten bringen.[29]

Es ist der zweite Satz, der Rätsel aufgibt und über den es sich nachzudenken lohnt. Drei *phenómena*, Schein, Gestalt, Spiegel; alle hier dicht beieinander und doch eine Verwandtschaft, die gemeinsam nicht bestehen kann. Wo Gestalt, kein Spiegel: Der Schein aber lebt in beiden. Man versteht sie nicht leicht, die Verwilderung des Scheins, doch der Gedanke arbeitet weiter im Werk. Der Blitz avanciert nach und nach zur Insignie, unter der Strauß' Texte antreten, auch der Fulgurist kehrt immer einmal wieder,[30] und erst nach über einem Jahrzehnt, in *Der Untenstehende auf Zehenspitzen* (2004), findet man ein »ästhetisches Drei-Welten-Schema (nach Popper)«:

> Welt 1: die Sphäre der sinnlichen Oberflächen und des imaginierten Realen. Welt 2: Abstraktionen, Nachahmungen von Netzwerken und Träumen, Schnittstellen-Ironie. Welt 3: plötz-

> liche Einschläge aus dem Unerschließbaren, die nur in Sprache empfangen werden können. Die wahren »Zeichen« oder Fulgurismen. Welt 3 ereignet sich in der Regel nur, wenn man mitten im Gedränge von Welt 1 steckt. Von Welt 2 führt kein direkter Weg zu Welt 3.[31]

Man erkennt die Dynamik, die Unruhe einer bewusst blockierten Dialektik, die Wildheit des Scheins, die sich hier »Gedränge« nennt. Und man begreift: Zwischen dem Spiegel, in dem die Wirklichkeit nur unter Maßgabe des vernünftigen Selbst erscheinen kann, und dem Reich der Plötzlichkeit liegt noch Drittes: eine Sinnlichkeit der Schrift, die Blitz werden will, die in sich die Hoffnung trägt, einmal das »Weltnetz« zu zerreißen.[32]

Genau an diesem Punkt jedoch endet das essayistische Räsonnement – und beginnt die Arbeit des Schriftstellers Botho Strauß. Nicht selten hat man ihn einen Ästhetizisten gescholten, aber wenn schon. Es ist ihm ernst. Was er sieht, sind Details, sind Szenen, und notieren muss er sie, ehe sie weggeschwemmt werden in das Meer der Handlungsmuster und Stories. Der Augenblick, in dem die Alten Schwestern einen letzten Anruf aus dem Spital entgegennehmen, der kranke Mann, Gatte der einen, am anderen Ende der Leitung;[33] die Frau, die des morgens erwachend den weichenden Albdruck des toten Vaters auf ihrer

Brust erspürt;[34] der Installateur Gebhard, der an seinem sechzigsten Geburtstag unvermittelt vor der Wohnungstür eines ehemaligen Kunden steht und sich nichts sehnlicher wünscht, als noch einmal die von ihm einst verkofferte Badezimmerwand zu besehen;[35] die Tochter des Opernsängers, die sich nach dessen Tod in ein »kaltes Fräulein« verwandelt, bei der Mutter bleibt, mit niemandem spricht und tagaus tagein in »Rowohlts Enzyklopädie« liest:[36] alles Rettungen des Unrettbaren, Versteinerungen, Abwehrkämpfe der Dichtung im Namen der *anámnesis*.[37]

In dem, was er tut, bleibt Strauß immer redlich. Seine Texte wissen genau, dass sie die Welt, deren Kommen sie erwarten, in sich tragen. Doch es ist nicht ihre Welt. Die poetische Rede vermag das schon Verlorene in seinem Verschwinden aufzuhalten, es in seinem letzten Aufscheinen zu verankern. Schon aber, weil sie unentwegt selbst Netze ausspannt und Schleier über Schleier wirft,[38] in denen sich die Dinge und die Menschen verfangen, schon allein deswegen ist es nicht an ihr, der Riss zu sein, durch den sich dieses Leben verkehrt. Niemals vergisst Strauß, dass er in einer Textwelt lebt. Immer kommt das Gelesene dazwischen, schieben sich Kohelet, Benn oder Virilio, Heraklit, Hofmannsthal oder Ekelöf vor das Erleben, verknüpfen die Bilder, tauchen sie in Sinn. Dichtung, über die Jahrtausende hinweg, bleibt ein arachnoides Treiben, bleibt Gespinst über dem Abgrund. Da mag einer noch so sehr dem Fulgurismus huldigen; er ahnt doch, dass Schreiben bedeutet, im Wartestand auszuharren. Schreiben heißt, Antwort zu geben in der Hoffnung, dass die Frage einen einmal erreicht.

Und so wähnte ich mich bei Strauß einem Denken ausgesetzt, das ich ganz durchmessen wollte, obgleich es mich in eine unhaltbare Position drängte. Jene Zwischenwelt, aus der diese Stimme kam, eine Welt, die kein »wir« kannte und kennen wollte, wie sah sie aus? Ließ es sich darin leben?

2. Aus anderer Zeit schreiben

Als eine meiner ersten verstörenden Lektüren kommt mir *Der junge Mann* (1984) in den Sinn. Ein »RomantischerReflexionsRoman« sei das, verrät der Erzähler in der Einleitung,[39] und in der Tat fällt es schwer, mit ihm Schritt zu halten. Fünf Kapitel, von denen der junge Mann – Leon Pracht heißt er – nur das erste und letzte bewohnt. Zu Beginn noch ein angehender Theaterregisseur, der sich bei den Proben zu Genets *Die Zofen* von zwei Schauspielerinnen in den Wahnsinn treiben lässt, trifft er am Ende auf seinen Mentor, der ins Filmmetier gewechselt ist und dort unter dem Namen »Ossia« eine späte Starkarriere vor und hinter der Kamera erlebt. So wird der Roman beschlossen durch Diagnostik: der Diagnose des noch behaupteten, längst aber schon aufgelösten Individuums, der durchweg »unsozialen« Träume der Gemeinschaft, der »Strukturen«, in denen man »jetzt mehr und mehr« lebt und die »die eigentlichen Helden unserer Lage« sind.[40] Schließlich: die Diagnose der entidolisierten Kunst, die von den »Selbstmachern, den Bastlern und Heimwerkern« nur noch »für den Eigenbedarf« produziert wird und dementsprechend auch aussieht.[41] Finale Resignation: »Wir werden dies heitere Reich nicht mehr betreten, in das sich die Werke zurückziehen, wo eine über Zeit und Räume hinweg verständigte Gesellschaft sich's wohl sein lässt.«[42]

Ich habe das alles soeben noch einmal nachlesen müssen, denn an was ich mich erinnere, wenn ich den Band mit dem Porträt von Felix Valloton auf dem Titel vor mir liegen sehe, ist etwas gänzlich anderes. Ungeheure Bilder, Zeugnisse einer halluzinogenen Strenge hatten sich meinem Gedächtnis eingeschrieben, und dort, novellistisch eingeschlossen, finde ich sie nun wieder. Jenen Turm etwa, auf den eine Kauffrau stößt, als sie auf dem Weg zu einem Kundentermin in einen Carroll'schen Wald gerät. Der Bau entpuppt sich alsbald als ein Supermarkt der Stimmen, bewacht vom karpfenköpfigen »Haupt der Deutschen«, der die Kauffrau des Diebstahls ihrer eigenen Stimme überführen will. Auch der Tisch kommt mir nun wieder vor Augen, dieser Tisch mit den fünf stummen Männern, die in ihren Händen lesen. Ein Erzähler findet den Tisch in einem stillgelegten Caféhaus in Istanbul, in das ihn eine geheimnisvolle Frau entführt hat. Es ist der Ort ihrer Erinnerungen, zu denen der Erzähler Leon – wie besagte Tischsitzer – nun auch gehört, zu einem »Geschöpf ihres Gedächtnisses«[43]

verwandelt. Abermals begegne ich Frau Zorn, Frau Puppe und Frau Nord, die sich der frühgeborenen Almut annehmen, ihr Leben unter der Bedingung retten, »Anteile an ihrer Person zu erwerben«.[44] Und dann, in den Tiefen dieses merkwürdigen Buches, zeigt sich mir schließlich das Blumengesicht, das von Prachts Frau Yossica übrig bleibt, nachdem sie zwei »Talentsucher« durch zugleich vollzogene Selbstverbrennung und -enthauptung beeindrucken möchte.

Natürlich schimmert hier aller Orten, wie die Forschung sicherlich schon zur Genüge festgestellt haben wird, das Klingsohr-Märchen, die wild gewordene Maschinerie romantischer Allegorik, durch. Zufall ist das nicht, denn auch Strauß' Fantastik wurzelt im philosophischen Argument, ohne das sie nicht zu haben ist. Das Argument: Die Entmischung der Zeiten, die Befreiung der Gegenwart von Vergangenheitsspur und Zukunftslast, von Verfalls- und Fortschrittserzählungen ist denkbar. Novalis nennt diesen Zustand in den *Freiberger naturwissenschaftlichen Studien* (1798/99) »Absolutes Praesens«.[45] Und er folgert:

> Vollk[ommne] Gegenwart erzeugt vollk[ommne] freye Zukunft – und vollk[ommne] freye Vergangenheit – die beyde zugleich afficirt werden – und beyde zugleich wircken.[46]

Kann man aber tatsächlich dorthin gelangen, in diese Sphäre des Absolutums? Lässt sie sich überhaupt vorstellen? Langsam zeigt sich mir die Unterseite jener Gegenwartsbelächlung, die mir in *Der junge Mann* entgegengeschlagen ist. Von der Mediokrität der Zeitgenossenschaft, ihren Trivialkarrieren, von ihrem Dauertourismus und von der grundlosen Selbstempfindlichkeit kommt man nicht los. Sie sind der Stoff, mit dem gearbeitet werden muss, will man redlich bleiben. Verachten darf man sein Material also nicht; es kommt freilich darauf an, dass man sich von ihm das Arrangement nicht verderben lässt. Dass man selbst oder alles andere untergeht, fortbesteht und gedeiht: Larmoyanz und Triumphalismus ruhen als Gefahren tief eingegraben in dieser Welt, man lässt sich leicht zu ihrem Zeitempfinden überreden. Eine stille Persuasionskraft wohnt den Dingen inne. Nur selten wird sie so impertinent wie das Karpfenmaul, das »Wesen aller Deutschen«, das sein »Ich zeite!« frei herausschreit.[47]

Nicht allein derlei Selbstbehauptung gegen die Zeit (wie auch die oft skandalisierte, in ihrem literarisch-fiktionalen Status verkannte Bekundung, »der letzte Deutsche«[48] zu sein), nein: jeder Wunsch, sie zu ordnen, sie erzählend zu meistern, das Reale immer und ausschließlich als Kontinuum zu begreifen, bleibt Symptom der Humankrankheit, einer Angststörung. »Die Menschen fürchten nichts so sehr wie die auseinanderfließende Zeit.«[49] Kurieren kann man sie nur, indem man ihnen Zenons Pfeil aus der Brust zieht, ihnen ihre Entwicklungsromane und Nationalepen zersprengt und stattdessen damit beginnt, einen Roman aus anderer Zeit zu schreiben.

Aus anderer Zeit schreiben: In diesem Unterfangen begreift man Botho Strauß. Aus anderer Zeit schreiben: Das meint gerade nicht Flucht in graue oder goldene Vorzeit, in einen Antimodernismus, der sich in der Überzeugung gründet, es gäbe so etwas wie ein Zurück, eine Abwicklung der Historie in der Historie. Derlei Refugien der volkssentimentalischen oder frühkindlichen Regression bleiben diesem Werk fremd. Sie interessieren Strauß auch nicht. Sein Blick gilt anderen Phänomenen, namentlich den »aus der Zeit Gerutschten«.[50] Die Figuren, die damit bezeichnet sind, füllen seinen Kosmos; begonnen bei den Kiosktrinkern, nicht endend bei den Restauratoren – Kreaturen, die auf die eine oder andere Weise aus der Teleologie geschleudert wurden. Prädestiniert sind sie für Strauß' Welttheater, weil sie dem Impresario selbst verwandt sind: Ihnen ist der andere Blick gegeben, der zeitlösende, mit dem man etwa zwei Schichten eines Gemäldes voneinander zu trennen vermag und aus alter Kunst neue hervorbringt.[51] Ein Versprechen liegt in diesem Blick, ein Versprechen, das ein Mensch, der in Strauß' Roman nur »der Moderne« genannt wird, ausbuchstabiert:

> Von einem nur wenig erhöhten Zeit-Punkt aus würden uns alle Entwicklungen, die sich jetzt noch zu überstürzen scheinen, als wohlgestalt und gemäßigt darstellen und sie ließen sich im übrigen auch nach ihren guten und schlechten Zielen besser unterscheiden.[52]

Ein Zeitplateau, von dem herab sich die Lage zu entwirren beginnt – und für uns just so unerreichbar wie der Ort, von dem aus Strauß erzählen lässt. Seine Stimmen, so verstehe ich, scheren sich nicht um uns und unser armseliges Bedürfnis nach Konsekution. Nein: Der Chronist aus anderer Zeit will »statt Geschichte [...] den geschichteten Augenblick erfassen«.[53] Und in den Schichten der Zeit verbirgt sich nun einmal nicht das, was einfach auseinander folgt. Vielmehr finden sich dort echte, offene Gespräche zwischen Zukunft, Gegenwart und Vergangenheit, findet sich freie Schöpfung, die auf freie Schöpfung antwortet. Poiesis. Primäre Welt.

Strauß' Personal stürzt oder stolpert in diese Tiefenschichten hinein und wundert sich über nichts, auch nicht über Stimmenkaufhäuser oder Gesichterblumen, denn was ihm dort begegnet, ist ja nur das unverstellte Reale. Man selber? Als

Leser dieser Wirklichkeit wähne ich mich immer noch hoffnungslos verspätet. Doch vielleicht ist man auch nur zu früh am Platz. Zu den mir am nachdrücklichsten im Gedächtnis gebliebenen Kapiteln des Romans zählt das dritte, »Die Siedlung« überschrieben. Auch hier erzählt einer zwischen den Zeiten, ein Ethnologe, der den Auftrag bekommen hat, im nordöstlichen Vorland von Köln ein Volk zu beobachten, das man die »Syks« nennt. Der Begriff geht zurück auf die behördliche Bezeichnung »Synkreas«, worin dann auch der zentrale Wesenszug dieser Geschöpfe zum Ausdruck kommt: kreative Wesen, schöpferisch jedoch nur »als erfinderische Synthetiker, als Sammler und Resteverwerter«.[54]

Die Syks sind, wie ihr Erfinder, Bewohner einer Zwischenwelt. Rein stofflich bleiben sie Kinder der BRD, von ihrem Habitat aus ist die Silhouette von Bonn vermutlich in der Ferne zu erahnen. Nichts Neues ist ihnen gegeben, und aus dieser Einsicht – dass es nichts Neues gibt noch je geben wird – speist sich letzten Ende die Souveränität ihres Handelns. Glaubt der Mensch nicht mehr an das Neue, dient er nicht mehr dem Fortschritt, dann entfalten seine Dinge ein interessantes Eigenleben. Die Syks folgen ihm.

> So produzierten (»erinnerten«) sie eine große Menge an Riten und Gebräuchen, die al-

> lerdings sehr rasch wechselten, und ebenso plötzlich produzierten (»erinnerten«) sie einen beträchtlichen Vorrat an fantastischen Fabeln und zusammengeklebten Erzählungen, die auch sehr rasch wieder in allgemeine Vergessenheit gerieten oder bewußt »umgeschmolzen« wurden. Derart war bei ihnen fast alles in einem beschleunigten, merkwürdig leerlaufenden Wandel begriffen. Denn wo ein echtes Naturvolk mit seinen Manen und Geistern in festem und bleibendem Bunde war, da waren auf die Syks letztlich ja nur die Geister der Erfolgsgesellschaft überkommen. Zwar hatten sie mit dieser gebrochen und sich von ihr abgesondert, deren kulturelles Strandgut aber, deren geschichtliche Reste und Bruchstücke waren zu ihrem wesentlichen Spielzeug und Bastelmaterial geworden.[55]

Nur zwei Jahre, bevor Ursula K. Le Guin ihren Essay *The Carrier Bag Theory of Fiction* verfasst, findet man bei Strauß bereits diesen merkwürdigen Stamm im Schatten der Geschichte. Noch einmal ganz tief in die Menschheitsgeschichte hinabzusteigen, ihr den Stachel der Innovation auszureißen und den Speer gegen das Tragetuch, die Jagd gegen das Sammeln einzutauschen – das bleibt ein ernstes Anliegen dieses Werks, denn als Widerruf der Zuspitzung, von Utopie und Dystopie, ist es selbst gebaut. Erzählbar wird die Welt erst, wenn man ihr das Telos zerbrochen hat und ihre kleinen Geschichten lose verwoben nebeneinander liegen. Wenn Liebe Realität bekommt, wenn ihre Spannungsbögen mürbe werden und sie in erduldetes Beisammensein zerfällt: Erst dann kann man einen Text wie *Paare Passanten* schreiben. Alles andere wäre Verrat – und leicht begeht man einen solchen, schreitet doch die Abstraktion dem *lógos* gleich hinterdrein.

Die Syks errichten aus solchen Gründen Schriftgrotten, Höhlen voll Gekritzel, keine Stätten der Huldigung aber, sondern vielmehr ein totemistischer »Abwehrzauber, der sie vor der rächenden Rückkehr der Sprache bewahren sollte«.[56] Wer schreibt, der steht immer schon im Ruch, ein Kollaborateur zu sein, ein Agent der Abstraktion und der großen Pläne. Schrift verführt zur klaren Linie, zur Aufhebung des zufällig Benachbarten, aber doch gänzlich Verschiedenem im höheren Gedanken. Schrift ist auch immer Sendung des Einen an die empfangenden Vielen, ist Herrschaftsbekundung, imperiales Medium (wie man das bei Harold Innis nachlesen kann), ist – ein bei Strauß besonders verhasstes Wort – »Kommunikation«. Kann man sich aber ihrer entschlagen?

Man könnte, würde man das Denken einmal vom Interesse und vom Gedächtnisanspruch befreien. Die Syks haben diesen Schritt bereits vollzogen: Sie verständigen sich über ein sogenanntes »Psychocom«, empfangen »durch ihre Fluide, durch sinntragende Strahlenemission präzise und unverfälschte Nachrichten vom anderen und [können] sie auf gleichem Weg umgehend beantworten«.[57] Der Schwarm, die Befreiung des Menschen durch unsichtbare Sozialtechnologie, erscheint als Lebensform der neuen Zeitlichkeit. Aus literaturgeschichtlicher Perspektive gilt es hier, eine zwar augenfällige, doch auch sprechende Koinzidenz notieren: Wer mit dem Cyberpunk und der amerikanischen Science-Fiction der 1980er etwas vertraut ist – Gibsons *Neuromancer* erscheint übrigens just im gleichen Jahr wie *Der junge Mann* –, der erkennt sie wieder, die folgenreiche Verflechtung von Maschine, Mensch und Umwelt.[58] Anders als die wenig später ans Licht tretenden Cyborgsozietäten Donna Haraways oder Octavia E. Butlers bleiben die Syks jedoch ein illusionsfreies und dementsprechend unverkitschtes Kollektiv. Die Frage, *zu welchem Zweck* sie auf der Welt sind, stellt sich ihnen nicht. Sie definieren sich nicht über das Werden, nicht über Herkunft und Ziel. Schwer genug ist es ja, überhaupt einmal die Stasis zu halten und nicht wieder in irgendwelche Projektphasen und Worthülsen abzurutschen.

Vom kulturtechnologischen Standpunkt aus gesehen sind wir dieser Simultangesellschaft, die durch »eine montierte Leistung aus Teil-Sprache und direkten Ausstrahlungsimpulsen«[59] zusammengehalten wird, bedeutend nähergekommen. Was uns im Weg steht, ist jedoch die Legende vom Heiligen Individuum, an die sich all unsere »unsozialen Träume«[60] knüpfen. Unsere Liebe zu den Einzelkämpfern, zu den Nonkonformisten gründet sich auf der irrigen Annahme, dass sich der Mensch – und gerade der »Ausnahmemensch« – nur gesellschaftlich verstehen ließe. Erst die Ab- und Ausgesonderten verleihen der Gemeinschaft ihre Geschichte, lassen sie Entwicklungen durchlaufen, verwickeln sie in Debatten und Diskurse. Man will wissen, wo sie herkamen und wo sie hingehen, wer sie erzogen hat und wo sie was einkaufen, was sie lieben und was sie hassen und warum sie was zu Recht oder zu Unrecht tun. Und wir alle wollen immer noch zu den Befragten gehören. Wir alle wollen »zeiten«, eine große Erzählung werden, an die man sich erinnert, aus der man lernt, was ein Mensch denn ist und was man alles aus ihm machen kann. Aber das soll alles aufhören.

Nur wie?

3. Der Asteroidenbewohner

Jener kurze »Besuch auf der anderen Seite der Zeit«[61] hat ein Nachspiel. Einmal unter die Syks geraten, bleibt Strauß' Denken nicht nur dem Technizismus verbunden, sondern greift aus in Richtung einer Poetik des Unbewegten. An die Oberfläche tritt diese erstmals in seinen »Reflexionen über Fleck und Linie«, 1992 unter dem Titel *Beginnlosigkeit* erschienen. Lesen lässt sich der schmale Band tatsächlich als eine Wiederaufnahme der anthropologischen Befunde aus *Der junge Mann*: Der Mensch ist nicht nur ein soziales, sondern vor allem auch ein metaphysisches Wesen,[62] was – zunächst – einmal sagen will: Der Mensch produziert unablässig und unvermeidlich den Begründungszusammenhang, aus dem er die Existenz seiner selbst wie auch die seiner Welt herleitet. Und dieser Begründungszusammenhang heißt »Anfang«.

Die Rede vom Anfang ist eine selbstlegitimierende Rede, da der Anfang immer schon rhetorisch ist, der *lógos* im Anfang war. Zeit, die als Linie gedacht wird, in der sich eines ins andere, das Frühere ins Spätere übersetzen lassen muss und umgekehrt, verlangt nicht nur nach einem »Erstbeweger«, nach Traditionen und Geschlechtern, nach Individuen und Entwicklung, nach Geschichte. All das ist Folge einer Rhetorik der Zeit, einer überformten Sprachlichkeit, deren erste Schöpfung der »Anfang« ist. Um präzise zu sein: »Was wir den Anfang nennen, ist bereits das Resultat langwieriger vor- und zurückfragender Selektionen.«[63]

Der Anfang ist bei Licht besehen nicht nur eine Trope des menschlichen Geistes, er ist vielmehr die Erfindung der Trope. Wer den Anfang denkt, kommt nicht mehr hinter ihn zurück, muss alles, was ihm begegnet – auch sich selbst – aus ihm verstehen. Er ist, so scheint es, nicht befragbar, betritt er die Thora doch noch vor Gott: Am Anfang schuf Gott Himmel und Erde. Da ist die Lücke, der Webfehler. Die Sprache hat ihre Zeitnaht nicht sauber geschlossen, sie steht nach vorne offen. Der hebräische Text weiß freilich um das damit verbundene Problem, deswegen beginnt er auch mit einem Bet – בְּרֵאשִׁית. Der Anfang beginnt mit dem Bet, mit dem zweiten Buchstaben des Alphabets. Strauß aber denkt das Aleph. Und wendet den Satz: »Gott schuf den Mythos des Anfangs«.[64]

Nicht Bibelexegese verantwortet jedoch diesen Gedanken, sondern Kosmologie. *Beginnlosigkeit* spricht aus dem All, aus dem seit den 1940ern als Antithese zur Urknall-Theorie insbesondere von Fred Hoyle[65] formulierten »steady state«: aus einem Universum, das niemals entstanden ist, das immer schon so war wie in jenem Moment, in dem wir es erleben. Die wissenschaftliche Debatte – innerhalb derer die »Steady State«-Theorie qua Hintergrundstrahlung längst randständig geworden und nur mit großen Aufwand zu verteidigen ist – ist freilich nicht eigentliches Sujet. Sie bietet in erster Linie bloß Anlass zur Reflexion, gibt sie doch für einen kurzen Augenblick den Blick frei auf die menschliche Zeitmaschine: »Steady state: es ist alles da. Allzeit. Die Organe takten die Folgen und Verläufe, das Werden und Vergehen hinein.«[66]

Darum geht es: die Flucht aus der Allzeit in die Illusion der Uhren. Die Weltraumphysik mag spekulieren, wie sie möchte. Entscheidend bliebe es doch, vor der richtungslosen Unveränderlichkeit einmal auszuharren, sie nicht sofort wieder in Dauer zu überführen. Das ist zuvorderst natürlich eine Frage der ästhetischen Haltung, insbesondere eine Frage der Haltung im Augenschein der Textgalaxien. Deren Undeutlichkeit nicht aushalten zu können, ist echte Schwäche, erlittene Schwäche, die nicht bemessen, sondern nur erahnt werden kann. Strauß bedient sich in solchen Fällen des »Idioten«, eines Menschentypus, der am Gleichlauf der Dinge ermüdet, aus dessen Leben die kantischen Ideen schwinden, weil er »das Vorgeprägte in jedwedem noch so individuellen Geschehnis« erkennt.[67] Idiotisch zu werden ist eine begrüßenswerte Deformation. Sie ermächtigt zu nichts, doch sie schärft die Wahrnehmung, schafft ein Sensorium für das, was verloren geht. Der Idiot schaut ins Weltgeschehen und das, was ihm daraus vor allem anderen erwächst, ist Sehnsucht. Er sehnt sich »nach dem TEXT vor der Schrift, der Botschaft vor dem Code, dem Fleck vor der Linie«.[68]

Er, der Idiot, gewahrt das, was sich bei Strauß die »Gegenwart als Mysterium«[69] nennt. Er sieht den Fleck *als Fleck*, nicht als beginnende Form. Das sich vor ihm ausbreitende Geflecht, die sich seiner Netzhaut eingrabenden Lettern befragt er nicht mehr auf Herkunft und Intention. Stattdessen fällt ihm bei, dass derlei Befragung immer anankastische Züge trägt – und dass dementsprechend Lesen letztlich ein halluzinatorischer Akt ist.[70] Überall lauern Ursprung und Anfang als mächtige Phantasmen der Sinnbändigung, überall öffnen sich die Kanäle der Bedeutsamkeit, hat man erst einmal den Blick vom Meer der Gegenwart abgewandt.

Dass wir dem Anblick der Gegenwart nicht standhalten, dass wir von ihr immer nur lesen, schreiben können und dass sie nur als ein in der Schrift Verschwindendes aufgewiesen werden kann: Das ist bereits ein Symptom menschlicher Schwäche. Das Eingeständnis dieser Schwäche ist das Erste, was Strauß' Texte uns abfordern. Der Mensch vor dem Buch ist bereits ein Dekadenzphänomen, ein Gegenwartsflüchtling, »zu Schanden gelesen«.[71] Wobei: Nicht dass er wirklich eine Wahl hätte. Denn im Angesicht des Flecks steht das Humanum selbst infrage. Alles, was ihm Vergangenheit und Zukunft vermittelt, die dialektische Einheit in der Differenz, stabilisiert den Menschen in seiner Existenz. Er vermacht sich der Schrift, weil die Schrift ihm suggeriert, dass er schon etwas wäre, ein Ganzes, ein Individuum, das immerhin doch imstande sei, die Fremdheit der Zeichen sich einzuverleiben und in seinen persönlichen Sinn zu verwandeln. Dass alles, was ihm entgegentritt, nur eine Wiederkehr eines alten oder künftigen Selbst ist, ein anderes, das sich mit ein paar Kunstgriffen wieder besänftigen lässt – oder zum Entsetzen aller vielleicht eben doch nicht, womit dann zumindest belegt wäre, dass der Einzelne auch einer ist, wenn er die Synthese mit der Wirklichkeit verpasst hat. Überall Zeitspuren aus Buchstaben, überall Differenz, Identität, Wiederholung; alles einbestellt zur Rettung menschlicher Integrität. Oder, wie es die Stimme aus dem »steady state« kommentiert:

> Daß die zentralen Metaphern des Menschen auf irrtümlichen Vorstellungen, wünschenswertem Wissen beruhen, behelfsmäßige Gürtel und Zügel sind, mit denen er seine zerfallende Gestalt zusammenzuhalten sucht. Was ist »schizophren«? Ein vermodertes Wort aus einer alten, alltagsgrauen Epoche des Wissens. Was ist Ich, Subjekt, Selbst und was sind Dichotomie, Widerspruch, der andere oder gar »die anderen«? Nichts als Denker-Staub, der in ehrwürdigen Seminaren am späten Nachmittag im Zwielicht glitzert. Staub, eine Heerstraße winziger Partikel, aus denen alles besteht, wie groß und gestaltheischend wir auch die Namen und Kontraste wählen. Nichts zählt im Unzähligen.[72]

Zur rhetorischen Kernstrategie dieses Werks gehört es, abzuschaffen, wovon gesprochen wird, um aufzubauen, wovon nicht gesprochen werden kann. Auch hier sieht man diese Strategie am Werk: Tilgt man die Zeit, zerfällt nicht allein der Mensch, sondern das Ich und seine Welt samt der logischen Operatoren, die sie zueinander in Beziehung setzen. All das ist Metaphernstaub, was nicht gegen die Sprache, sehr wohl aber gegen die Metaphorik, gegen die Logik des »Hinübertragens« spricht. Kann man ihr entkommen? Zeigt sich uns – und wer wäre das noch? – irgendwo die

»Ewigkeit als das einzige metaphernlose Absolutum«?[73]

Es gibt Wege, die dorthin führen. Zunächst einmal das Erbe der Syks, die allmähliche Verflechtung der Individuen zum Schwarm mittels Nerventechnologie – in *Beginnlosigkeit* nennt sich das dann »Neuromania« und bezeichnet die »Sucht, den Riesen-Komplex zu erstellen, den Neocortex zur letzten und ganzen Großveranstaltung der menschlichen Selbstnachahmung zu machen«.[74] Die Menschheit eine Großhirnrinde, eine Schaltung, ein Gedächtnis, dessen Regungen unentwegt Bilder produzieren, ohne dass daraus Prozesse folgten; ein ewig in sich kreisender Neuronenstrom.

Die industrielle Realisierung dieser sich bereits 1992 abzeichnenden Maschinerie der »ideellen Rückkopplungsschleife«[75] mag uns banal, wo nicht niederträchtig erscheinen. Darauf kommt es nicht an. Einmal vollendet, wird sie *ein* Bewusstsein totaler Gleichzeitigkeit erwecken und unsere Profile erlöschen lassen, diese wieder dem Dunkel überantworten, aus dem sie gekommen sind. Aber noch sind wir hier, wenn auch die bionischen Verdichtungen um uns herum wohl auf ein Ende hindeuten. Dem Schriftsteller mögen sie ein Faszinosum sein, doch dienen sie ihm vor allem als Modell, mit dessen Hilfe er sein eigenes

Tun begreift. Denn auch der Text ist erst einmal eben das: ein Gewebe, endlos, ungerichtet, was man leicht erkennen könnte, wäre man nicht zu aufmerksam, zu stolz im Lesen, zu mitteilungsbedürftig im Schreiben. Wieder sind es die Idioten, denen die Zeilen und Zeiten zu verschwimmen scheinen, die über der Lektüre ihre Déjà-vus erleben und denen »in einem hellsichtig-müden Augenblick eine Wendung, ein Gedanke, die erst künftig geäußert werden, bereits vorschwebend präsent« sind.[76] Die Ahnung dessen, was noch nicht, aber bald schon geschrieben steht, das Halluzinieren von Worten, sei es im Lesen oder im Schreiben: Diese Ahnung deutet darauf hin, dass die Schrift keineswegs der Logik gehorcht, die ihr Erscheinungsbild vortäuscht. Ihr Voranschreiten von Wort zu Wort wird unentwegt begleitet von Rückkopplungseffekten. Lettern sind eigentlich Tachyonen, eine stete Rückfrage des Zukünftigen an das Vergangene, und wenn wir uns in ihnen bewegen und die festgetretenen Zeilenpfade für einen Moment verlassen, dann erkennen wir diese Kehren des Zeitstroms, die Wellen der Schrift.

Was aber bricht die Linearität, was biegt sie zurück? Die Kraft, die Strauß inmitten der Wörterfluten am Werk sieht und ihren Lauf stört, ist der Mythos. Verstanden als eine Form der Rede, die ihren Gegenstand nicht ergreift und festsetzt, sondern ihn vielmehr unentwegt verschiebt, verdoppelt, immer noch einmal, aber *anders* erzählt, bildet der Mythos keine »Vorzeit« aus, liegt er keinesfalls als Archaik hinter der Welt der Geschichte, der abgezählten Tage verschüttet.

> Die Geschichte ist offen, der Mythos geschlossen. Man sagt, er endet mit Göttersturz, mit Geschichtsbeginn. Er endete aber nicht, er ging nur zu Bruch. Überall in der Noosphäre treiben seine Trümmer auf verschiedenen Ringbahnen. Man muß die Orbits wählen. Die Dinge sind zerkleinert, doch auf ihrer Umlaufbahn kreisen sie in kleiner Ewigkeit.[77]

Wie die Scherben der Sefirot liegen die Splitter des mythischen Denkens in den Umlaufbahnen der Vernunft verstreut. Verschwiegen bleibt, *wie* und *warum* das Ganze, das sie einst gebildet hatten, zersprengt wurde – kein Beginn, auch hier. Und doch birgt das Bild, bergen die Regelhaftigkeit des Orbits und die in ihm kreisenden Asteroidenfelder das Unerzählte. Eine Ätiologie, die Heraufkunft der Ordnung in der Überwindung des Chaos, eine Begründungserzählung der geschichtlichen Welt, die aber eben nie *gegen*, sondern nur *mit* dem Mythos gegeben werden kann, erahnen wir. So wie der Mythos, Blumenberg hat's gesehen, »selbst [...] ein Stück hochkarätiger Arbeit des Logos«[78] ist, so durchkreisen umgekehrt den Logos auch immer noch die mythischen Bruchstücke. Sie erkennen und aus ihnen wählen kann freilich nur der, der auch die Augen dafür hat, der die unauflösliche Verschlungenheit der Kräfte zu schauen vermag. Mit anderen Worten: Es braucht den mythischen Blick, um solch ein Bild zu entwerfen. Denn nur aus dem Mythos heraus lässt sich diese Gleichzeitigkeit des Ungleichzeitigen überhaupt denken. Wo der Logos das Überwundene, Widerlegte und Widersinnige zurücklässt, da bleibt es im Mythos präsent. Wie die Erinnerung der erynnischen Zeit in den Eumeniden weiterlebt und den Weg Athens in die Zukunft begleitet, so kann auch der Mythos sich selbst in Trümmer legen und zugleich im Innern der Geschichte fortbestehen, sie immer wieder in die unbewegte Achronie zurückführen.

Strauß' Prosa, so verstehe ich, wandert unentwegt zwischen den Asteroiden. Sie kann die Bahnungen nicht verlassen, in die sie die Geschichte gestellt hat, doch sie kann sie unterbrechen, ihr die ihr eigene Schwerkraft entgegensetzen, ihre parzellierten, taumelnden Existenzen für einen Augenblick stillstellen. Und ein Buch wie *Wohnen Dämmern Lügen* (1994) will nichts mehr als dies: die Menschen in Asteroidenbewohner verwandeln. Zu Lebenserzählungen, zum großen Schicksal reifen sie nicht mehr heran, aber sie lassen sich noch allemal in ihre eigenen kleinen Ewigkeiten versetzen. Manch einer von ihnen wird urplötzlich zum »Stylit«, zu einem »Pfahl im Strom der Dahinziehenden«,[79] denn erst in der Erstarrung lösen sich die Figuren aus den vorgefertigten Plots. Auf stillgelegten Bahnhöfen lauschen sie den vorbeifahrenden Zügen. Ein Mann verbleibt nach dem Suizid seiner Freundin über Jahrzehnte in seiner Studenten-WG, bis er diese mit dem letzten Mitbewohner, einem Senatsbeamten, und dessen Frau teilen muss. Zwei Frauen, die offenbar ein gemeinsam begangenes Verbrechen verbindet und nun als in Resozialisierung begriffene Gärtnerinnen arbeiten, kehren, von der »Schattenwelt«[80] eines Parks ergriffen, wieder ins Unheil zurück. Ein Dementer, dessen Gattin vor seinen Augen und Ohren bereits die mit seinem Tod verbundenen Umzugspläne bespricht, sieht mit an, wie diese noch vor ihm, »dem wäßrigen Auge, dem stummen Gesicht, dem leidlos Überlebenden mit dem matten, mörderischen Glitzer unter dem Scheitel«, verstirbt.[81]

Wen der Mythos erfasst, der wird kein Held mehr. Verstattet ist ihm, die Tiefe der Gegenwart zu schauen, eins mit dem Abgrund zu werden. Man wohnt hier nicht mehr bei Heideggers Sterblichen unter dem Himmel, die Göttlichen im Blick, einem Wesen Raum gebend, »damit ein guter Tod sei«.[82] Tod – nun, Tod gibt es zwar genug, an jeder Ecke, aber er tritt hervor als Medusa, als Schrecken der Erstarrung. Monströs sind die Bezirke, in die es die Menschen bei Strauß verschlägt; »wie ein Gesicht mit leeren Augenhöhlen«[83] blicken sie einen an. Man kann auf diesen Zeitinseln nicht leben, ohne selbst zu versteinern. Mögen sie Refugien sein, dann sind sie es zumindest nicht mehr für uns. Nicht Heimat, sondern Heimsuchung begegnet uns dort. Der Eintritt ins beginnlose Kollektiv, in den Chor der kosmischen Tragödie, löscht unsere Züge. Bald schon zeigt sich »die starre Maske, die aus der Tiefe jedes Gesichts emporscheint«.[84]

Es dauert eine Weile, bis sich der Sinn dieser seltsamen Verkehrung erschließt. Wenn die Masken unsere Gesichter nicht verdecken, sondern sich in deren Tiefe verbergen, dann ist das Grauen dieser Welt nicht länger in der knochigen, mimiklosen Larve zu suchen, sondern im mitfühlenden, Ausdruck und Charme emulierenden Hautkostüm, das ihr übergestülpt wurde. Strauß hat dieser Einsicht die Erzählung von Loredana de Waard gewidmet; die Geschichte einer Frau, die nicht die Frau ist, als die sie der Fernsehjournalist erinnert, der sie nach einigen Jahren wieder einmal aufsucht. Stattdessen hat er eine Kannibalin vor sich, eine »triebgeschädigte Kreatur«:[85] Sie hat die erste Loredana aufgefressen und sich ihr »Fleischhemd« angezogen, lebt das Leben des Opfers einfach weiter – ohne aber ihre Untat zu verstecken. Die vollzogene Einverleibung dokumentiert sie auf Video, hinterlässt ihrer Mitwelt unentwegt Spuren des Verbrechens, schafft sich im Erzähler einen Mitwisser und befällt dessen Leben. Die Gewöhnung an die Bestie, die Ignoranz gegenüber dem Ungeheuerlichen hat ihren Grund: Loredana de Waard, die Zweite, ist eine Allegorie dieses Seins. Ihre Oberfläche nicht ganz vollkommen, mit leichten Rissen, eine flüchtig übergezogene Haut, unauffällig, ein Alltagsgeschöpf. Wen sie aber an sich, in sich zieht, der muss erkennen:

> Sie lebte in einer inneren, fest abgeschlossenen Sphäre der Gewalt. Plötzliche Brocken aus Urzeit, Unzeit, blutiger Frühe erschütterten wie Kraterauswürfe ihre Sinne. Sie war das Opfer unzähliger mythologischer Notzüchtigungen; überrannt von galoppierenden Kentauren, umstellt von einem gestaltreichen, gestaltflüchtigen Jupiter-*Richter*, sah sie sich gezwungen, ebenso schnell die Gestalt zu wechseln, um als unstetes Subjekt durch die Sprache zu entfliehen.[86]

Unter dem Fleisch die Mythe, eine ins Menschenreich verirrte Unzeit. Wie wir alle ist Loredana de Waard eine sich in die Sprache flüchtende, eine haltlose Gestalt. Was wir insgeheim ahnen und verdrängen, lässt sich an ihr erfahren: Sprache ist

Flucht, weil für das, was sich uns im Schweigen zeigt, keine Worte mehr sind.

Schrecklich ist es, daran erinnert zu werden, wo man herkommt, und jene, die uns daran erinnern, stammen bei Strauß aus der Sphäre des Bösen oder aus der Sphäre der Kunst, was vielleicht auch dasselbe ist. Manche unter ihnen morden oder lassen, Gorgonen gleich, die Erstarrung sehenden Auges widerfahren. Andere geben unserer Ahnung eine Stimme, singen für uns, »die wir alle in Wahrheit stumm sind«, ein Lied von der Erde (und nicht immer ist es von Mahler), Notsignale auf einem fremden Planeten Verschollener.[87]

Und schließlich sind da jene, die schreiben. Nicht aus Mitteilungsbedürfnis, nicht weil es ihnen ein persönliches Anliegen ist oder sie ein mehr oder weniger bestimmtes Ziel damit verfolgen. Sie schreiben, weil ihnen die Schrift selbst zum Gravitationsfeld geworden ist, zur einzigen Kraft, die verhindern kann, vollends in Beredsamkeit verweht zu werden. Unerhört bleibt ihre Stimme, selten nur bekommt man sie zu Gesicht. Nur manchmal lassen sich ihre Umrisse erkennen, weit draußen im All, auf den vorbeiziehenden Sternentrümmern. Die Nachricht, die uns von ihnen erreicht, enthält nichts Neues. Sie schreiben: »Daß der Mensch sein Wort zu widerrufen habe. Dies sein Schweigen. Dies nur.«[88]

II

4. Ein Besucher

An den Rändern der Textwelt, dort, wo sie phänomenal wird, verschwimmen die Begriffe zunehmend, und deswegen entgleitet mir auch all das Vorige, das Angelesene in jenem Augenblick, in dem sich an einem milden Uckermärkischen Montag im Januar die Tür öffnet.

Eine Stunde und fünfzehn Minuten dauert die Fahrt vom Berliner Hauptbahnhof aus, genug Zeit, um sich auf die Begegnung vorzubereiten, auch wenn mich das Gefühl dabei beschleicht, etwas Unangemessenes zu tun. Ein gemeinsamer Spaziergang soll es werden, keine Befragung. Und doch habe ich mir *Die Fehler des Kopisten* zur Zuglektüre gewählt, lese:

> Auf einem Hügel in der Uckermark baute ich ein weißes Haus, und eigentlich sind es zwei, ein größeres mit dem Blick in eine weite Wie-

> sensenke, begrenzt vom Wald im Süden, dem Jakobsdorfer Forst. Und ein kleineres in seinem Rücken für Gäste, die nie kommen, mit einem Heizungsraum und einem Zimmer fürs Klavier.[89]

Ich hätte das wohl besser nicht lesen sollen, denn so, wie es da geschrieben steht, wird es dort, wo ich hinfahre, vermutlich immer noch ausschauen. Nur werde ich die Landschaft gar nicht mehr sehen können, weil ich immerfort diese Erzählung mit mir umhertrage, das biografische Faktum eines Hausbaus in einem Biosphärenreservat vor circa dreißig Jahren, ermöglicht durch damals gerade noch geltendes DDR-Recht, eine Liegenschaft, um die sich dann die Dinge geordnet haben, selbstgewählte Einsamkeit, die mittlerweile bereits Literatur, bedeutungsvoll geworden ist. Ich lege das Buch zur Seite und dämmere an den brach liegenden Feldern vorbei, auf denen ich hier und da, wie schwer schreitende Schatten, einige überaus große Laufvögel zu sehen glaube, wenn auch undeutlich, und schon wenige Sekunden später sind sie nur ein Flimmern auf meiner Netzhaut, ein Trugbild, das ich meiner großen Müdigkeit und meiner nicht minder ausgeprägten Ornithophobie zuschreibe.

Am Zielbahnhof steigt niemand mit mir aus und niemand ein. Bei näherer Betrachtung handelt es sich auch nicht um einen Bahnhof, sondern um einen Halt, eine Befestigung am Gleisbett. Dahinter ein Ort, aber ein Ort im Wortsinn, keine Gemeinde. Die Häuser sind weit in die Umgebung verstreut, die Straßen eher Wege. Eine eingefrorene Welt. Manchmal eine Spur von Jetztzeit. Ein Postfahrzeug, elektrobetrieben, steht verwaist vor einem Hof, eine Szene, aus der man alle Figuren gelöscht hat. Durch ein kleines Waldstück geht es, dann liegt alles in einer trüben Weite da, ganz genau so, wie zuvor gelesen. Ein altes Vorwerk, zur Linken ein ausgedienter Kornspeicher, rechts eine kleine Allee mit kahlen Bäumen, die auf ein schlichtes, weißgestrichenes Haus zuläuft.

Als ich die Treppe zur Veranda hinaufsteige, vernehme ich Geräusche im Innern, man hat mich kommen hören. Und kaum geht die Tür auf, ist da schon der Mensch, der hier wohnt und mich freundlich begrüßt, alsbald jedoch von einem großen schwarzen Hund zurückgedrängt wird, den es ins Freie zieht. Das Gefühl, womöglich zu stören, will sich nicht einstellen, auch nicht, als wir uns in die Küche setzen, an einen für solch einen Haushalt doch recht ausladenden, länglichen Tisch. Der Mann schenkt mir Apfelmost aus regionaler Produktion ein, und wir beginnen ohne Umschweife das Gespräch.

Das Land, aus dem ich komme, ist Botho Strauß ein Erinnerungsraum. Es ist das Land von Luc Bondy, den er immer noch für den besten Interpreten seiner Stücke hält, ein guter Freund, der nicht mehr ist, auch aber der Bewohner einer Zeit, aus der keine Wege in unseren Tag führen. Es ist eigentümlich, wie rasch und unwillkürlich sich unsere Rede auf Abgeschiedenes und Verabschiedetes zubewegt. Nicht Bitterkeit, eher leises Bedauern bestimmt den Ton, als wir übers Theater sprechen. Die Rede kommt auf *Kalldewey, Farce*. Er lächelt; gerade das sei ja ein Stück, an dem man sehen könne, dass er eigentlich immer für die Schauspieler geschrieben habe, wie er selbst ja auch einmal einer habe werden wollen. Kurzes Innehalten. Dann die Summe: Fürs Theater zu schreiben, das mache eben nur Sinn, solange man auch noch gespielt werde. Wer auf der Bühne nicht mehr stattfinde, der solle auch keine Dramen mehr schreiben. Was schon schade sei, der stete Wechsel der poetischen Formen, von Prosa und Drama verleihe schließlich Gleichgewicht, aber was wolle man machen. Erzwingen könne und solle man nichts. Gerade bei Dramatikern mache sich im Übrigen regelhaft und deutlich auch ein Nachlassen der Kräfte bemerkbar, das gelte auch für die Besten, hätten sie einmal die fünfzig erreicht. Sophokles? Nun gut. Aber es steht ja auch nicht der Nachweis von Zurechnungsfähigkeit im

Alter zur Debatte, sondern die »Zeitgemäßheit« von Theater.

Zeitgemäßheit: Kann, darf man solch ein Wort überhaupt in diesem Zusammenhang aussprechen? Vielleicht nur, wenn man es wirklich *verbatim* versteht: dass das Zeitmaß, in dem sich Dramen ereignen, ein eigenes ist; dass sie sich in ihrem Geltungsanspruch weder an die Lebenszeit ihrer Verfasser halten noch um das Geschmacksurteil, geschweige das moralische Urteil der Welt zu bekümmern haben, aus der sie hervorgegangen sind. Die historischen Momente, in denen ein Drama zu sprechen beginnt, die Orte, an denen es auf einmal verständlich wird, lassen sich nicht vorhersehen. Bis Carl Sternheim seinen Weg zu Erwin Piscator und Rudolf Noelte fand, dauerte es vierzig Jahre. Tschechows *Kirschgarten*? Ein weiter Weg zu dem Stück, das es heute ist; erst zwei Jahrzehnte nach Tschechows Tod in England wiederaufpoliert.

Aber *sein* Theater, ob das noch mal kommt? In sich gekehrter Blick, geschürzte Augenbrauen. Die Antwort bleibt offen. Doch das Schweigen bekommt Färbung. Ob man nochmals Botho Strauß auf großer Bühne spielt, wie letztmals 2012 – Cate Blanchett als Lotte in Sydney, London, Wien, Paris: Das ist ein nachgeordneter Gedanke. Vor ihn schiebt sich anderes, Wesentliches: Die Frage, ob ein Theater, auf dem solche Stücke noch Wirkung entfalten können, wiedererstehen kann. Ein Theater für die »Szeniker«, zu denen Strauß sich zählt. Ein Theater, das dem Text vertraut, ihn auslegt wie ein Orchester eine Partitur, der Regisseur als Dirigent der Stimmen und Gesten. Jede Silbe, jede Sitzhaltung entscheidend für das rechte Verständnis des Stücks. Fritz Kortners Theater. Wie fernab liegt das wohl vom Heute?

Die Gläser geleert, machen wir uns auf, der schwarze Hund stets um uns her. Nicht weit vom Haus ein zweiter schwarzer Hund. Seine Besitzerin erscheint verspätet auf dem Vorplatz, eine Bekannte augenscheinlich, man ist per Du. Wild beziehe man über sie, soviel verstehe ich. Vielleicht sei noch etwas da vom Hirsch, meint sie, am Abend schaue sie nach. Wir biegen ab Richtung Wiesensenke, und sie wird für die nächsten anderthalb Stunden der letzte Mensch bleiben, dem wir begegnen.

Das Grün, durch das wir uns bewegen, glänzt trügerisch matt. Gestern lag noch Schnee, über Nacht hat es getaut. Der Boden ist tief, man spürt den Weidegrund. Kühe sieht man keine. Es sei auch fraglich, ob die noch einmal wiederkämen, es rechne sich nicht mehr. So bleibe immerhin die Landschaft. In einiger Entfernung, auf der anderen Seite des Tals, ein Hain, der einen dunklen Weiher umfängt. Zur Rechten langsam zu Hügeln anwachsende Graswölbungen, organische Formen, die in dieser seltsam sonnenlosen Helle – wir werfen keine Schatten – zu schimmern beginnen. Wir staunen für einen Moment und setzen unsere Reise fort, den Hang abwärts, auf ein Waldstück zu, vorbei an einer Wassersenke. Rehe sind im Dickicht zu erahnen, aber ich bekomme sie nicht in den sich unablässig gegen das literarische Gedächtnis wehrenden Blick.

Still ist es hier, wäre es hier, ohne uns. Eigentlich keine Gegend, die nach einer Erzählung verlangt; und erst allmählich, während wir wie abgeworfenes Geweih den Wegesrand säumendes Geäst abschreiten, begreife ich, was mit mir geschieht, stellt sich eine seltsame, wenn auch nicht ganz unvertraute Wachheit ein. Eben noch war die Rede vom Haus, vom Vierkanthof, Erwerb, Abriss und Umwidmung, vom Leben, das sich einst diesem Landstrich eingeprägt hatte und das nun längst schon verzogen, verblichen ist, da fällt dieses eine Wort: »Masora«. Der Zusammenhang ist mir zunächst unklar. Kurz noch sinniere ich mit ihm über die Masoreten, die punktierte Schrift, die Sicherung von Textbestand und Lautung, doch Strauß, das wird mir langsam klar, meint etwas ganz anderes. »Masora«, die Überlieferung, das zielt auf die Naturalisierung von Geschichte. Inmitten einer Welt, aus der alle Zeitlichkeit gelöscht scheint, fallen Gegenwart und

Tradierung, Text und Kommentar in eins. Die Zeichen bilden keine Spuren mehr, reißen keine Gräben des Verstehens mehr auf. Alles ist da. Woher es kam, wie es das wurde, was es ist: Diese Fragen versinken unter unseren Schritten.

Und leichter Schwindel befällt mich. Immer spürbarer wird meine literarische Vergiftung, macht den Schädel schwer, loswerden will er, soll er das Gelesene, und je länger wir unterwegs sind, umso klarer wird mir, dass mein Zustand von außen herbeigeführt wird. Es ist der Hund. Es ist der Hund, der die Erinnerung wachhält und zugleich Vergessen fordert, der uns voraus ist, wartet. Auf den Namen Argos hört er, wie der Hund des Odysseus, der erste Hund der abendländischen Literatur. Und so erscheint mir auch der Stecken, auf den Strauß sich beim Gehen stützt, nicht länger als eine Zufälligkeit, eher als Utensil homerischer Verkleidung: der Heimgekehrte, der zum Bettler wurde – denn er hatte noch etwas vor.

Also sprechen wir, während wir über die verborgenen Schleichpfade der literarischen Tradition wandeln – der Hund kennt sie alle –, endlich von *Ithaka*. Auch das: Überlieferung, ein Schauspiel, das nichts anderes sein will als »eine Übersetzung von Lektüre«.[90] Ein Drama, das sein will, was es zeigt: Wiederherstellung der Ordnung, ἀποκατάστασις. Aufräumen. Ich erinnere mich an den einen Satz, und er kommt mir hier, in dieser Umgebung, viel näher als zuvor: »Manchmal ist man trotzdem allein«.[91] Odysseus spricht ihn, am Vorabend des Apollonfests, als Athene zu ihm kommt, um ihm die Sorge vor dem Kommenden, den Folgen der Bluttat zu nehmen. Dritter Akt, Schluss der dritten Szene. Sie erinnert an das »wir«, den Bund von Mensch und Göttin: »wir sind es, die sie am Ende zerstören«[92] – und es ist dieses »wir«, an dem Odysseus zu zweifeln beginnt. Ist man noch in der Zeit, in der Götter und Menschen sich zusammenfinden? Das Stück nimmt den Zweifel nicht.

Dort, wo man einsam wird, lebt es sich schwer mit Mythen, und Rettung verspricht dann die Vernunft. Dass gerade hierin die Korruption steckt, dass sich die Einsprüche der Ratio sich so um den am Mythos Zweifelnden scharen wie die Freier um Penelope, das gehört zur supplementierten Einsicht des Stücks. Es will die Gegenveranstaltung zum Odysseus-Exkurs der *Dialektik der Aufklärung* sein, der in der *Odyssee* die »Sprache in ihrem Gegensatz zum mythischen Gesang« am Werk sieht.[93] Glaubt man dort, der Abenteuerreise eines Selbst beizuwohnen, das an jedem Ort, an den es sich verschlagen lässt, mit wachsendem Selbstbewusstsein den Schuldzusammenhang auflöst, in den der Mythos uns stellt, ja: wird bei Horkheimer und Adorno dieses Selbst als »rationale Allgemeinheit«[94] überhaupt erst denkbar durch den eposgewordenen Dauerbetrug am und im Götteropfer, so verharrt *Ithaka* an der Schwelle zum Mythos. Jenes »Manchmal ist man trotzdem allein«: Aus ihm spricht die Vorahnung des nahenden Verlassenseins, der Blick aus dem Zuschauerraum, dem Athene nurmehr noch Allegorie sein kann.

Strauß' Odysseus ist noch nicht so weit. In seiner zeitweiligen Einsamkeit, unter dem götterlosen Himmel, wird er uns sichtbar, erkennen wir uns in ihm wieder – aber das ist eben nicht die Hauptsache. Nur »manchmal« gleicht sein Bewusstsein schon dem unsrigen, vielleicht können wir uns ihm deswegen überhaupt nähern. Aber er kommt uns nicht entgegen, wir müssen schon zu ihm hinauf. Deswegen: maximale Reduktion der dramaturgischen Vermittlung, keine »Aktualisierung«. Kein Wille zur »Verkleinerung«, wie ihn Strauß der *Dialektik der Aufklärung* im Programmheft zur Münchner Uraufführung attestiert hatte: »Es geht darum, alles zu sich herunterzuholen, wenn auch auf höchstem Reflexionsgrad. Aber eben immer nur Reflexion, niemals Wiederholung, Teilhabe, Erinnerung.«[95]

Und immer noch laufen wir durchs Wortgehölz. Ein kurzer Blick zurück, den Hügel hinauf, von dem wir gekommen sind und auf dem dieses weiße, von außen und unten größer sich ausnehmende

Haus zu sehen ist. Ein langer Blick zurück hingegen auf meinem Textweg, hinunter bis zum »Versuch, ästhetische und politische Ereignisse zusammenzudenken«, 1970 in der Zeitschrift *Neues Theater* erschienen. Eine scheinbar fremde Welt tut sich darin auf, ein junger Mann, der offen über zeitgenössisches Theater nachdenkt, ein »Autor« mit zumindest einem Frühwerk ist Botho Strauß da noch nicht. Zwar wird er kurz darauf von Peter Stein als Produktionsdramaturg für Ibsens *Peer Gynt* engagiert, das 1971 an der Schaubühne gegeben und zu einem großen Erfolg wird.[96] Aber eben: Das ist noch Zukunftsmusik. All dem voraus geht zunächst ein Problem, ein Konflikt: hier 1967, Benno Ohnesorgs Tod, der Wille, politische Revolte in ästhetische Form zu überführen; dort das Theater als Anstalt bürgerlicher Rückversicherung, das man zwar politisieren kann, das aber doch immer Theater, im Zweifel ein politisches, hierin auch hilfloses Theater bleibt, »das sich auf nichts anderes zu berufen weiß als auf das penetrant selbstsichere Bewußtsein, recht zu haben«.[97]

So ist der junge Strauß nicht von wenigen Zeitgenossen umgeben, nach deren Dafürhalten das Theater als Raum ästhetischer Neutralisierung par excellence sich gar nicht revolutionieren lasse, vom Aufruhr auf den Straßen notwendig unbehelligt bleibe, weswegen es schlechthin ganz aufgehoben gehöre. Sein spürbares Unbehagen gilt freilich weniger den Zerstörern des Theaters als dessen selbsternannten Rettern; jenen, die das Theater durchaus für politisierbar halten – insofern man die theatralen Mittel revolutioniere. Und das bedeutet unter anderem: Verschiebung der Bühne, Auflösung der mit ihr verbundenen Hierarchien, Hinwendung zum Dokumentarischen.

Der 26-jährige unternimmt eine Bestandsaufnahme jener Umgestaltungsversuche. Diese fällt in den allergrößten Teilen ernüchternd aus: Pädagogisierung, Straßentheater, einstudierte Spontaneität, nur selten Lichtblicke – Wolfgang Bauer, Fassbinder natürlich, Gerhard Kellings *Arbeitgeber* und Enzensbergers *Verhör von Habana*. Hervorgehoben wird vor allem Peter Handkes *Kaspar*, von Claus Peymann 1968 in Frankfurt und zeitgleich von Günther Büch in Oberhausen inszeniert; ein Stück, hinter dessen formal-linguistischer Experimentalanordnung sich die »mythische, allzeitliche Wahrheit vom Menschen schlechthin als Opfer und Spielzeug einer neuen ES-Herrschaft«[98] – dem ES der Sprache – verbirgt. Kaum verleugnen lässt sich die erahnte Verbundenheit mit Handke, die aus diesen Zeilen spricht, eine Verbundenheit, die nicht zuletzt auch durch die gemeinsame Gegnerschaft begründet wird, durch die »Dialektiker der Aufklärung«, die Handkes auf die Bühne verfrachtete »Sprechfolterung« als unpolitische Schauspielübung verstehen wollen.

Vielleicht war hier zum ersten Mal dieser Widerwille spürbar, der sich im Werk von Botho Strauß immer wieder gegenüber dem Junktim von ästhetischer Materialität und politischer Avantgarde ausspricht. Seine Lektüre von Foucaults *Archäologie des Wissens* hatte ihn früh schon zur Überlegung geführt, dass die Tiefenbohrungen auf dem Feld der symbolischen Formen nicht zwangsläufig in ein Szenario münden müssen, in welchem das scheinbar Disparate – Politik und Ästhetik – aus einer Wurzel sich erklären lässt, sondern dass im Zweifel das Unversöhnliche schon immer ein Unversöhnliches war, die Kunst und das von »gesellschaftskritischen Motiven bewegte[] Denken[]« zunächst einmal unverbunden nebeneinanderstehen.[99] Was nicht heißt, dass sie sich nicht vereinen ließen – nur ergibt sich diese Verbindung nicht von selbst, etwa aus der Überführung des Theaters in den tagespolitischen Appendix. Und so endet die Inventur dann auch programmatisch in der Erwägung, dass

> man das Bewußtsein von einer Koexistenz und Gleichzeitigkeit avancierter politischer und ästhetischer Entwicklungen sowohl als Anordnung disjunktiver und widersprüchlicher Erfahrungen als auch zugleich unter der Hypothese eines vermittelnden Zusammenhangs beschreiben müßte. Jede einseitige,

isolierte Aussage, die vereinheitlichende sowohl wie die unversöhnlich-kontrastierende, erweist sich demgegenüber als falsch: weder ist alles mit jedem dialektisch verschwistert, noch lassen sich beide Entwicklungen, in ihrem fortgeschrittensten Stadium, schlechthin nicht mehr zusammendenken – die politische Linke MUSS nicht, wenn sie sich für ihre Zwecke des Theaters bedienen will, notwendig zu den unattraktivsten Mitteln greifen, und das bürgerliche Theater wiederum IST nicht deshalb bereits tot, weil es ab und an, ohnedies spärlich genug, »nur« ein paar attraktive ästhetische Innovationen hervorbringt.[100]

Wir bleiben also im Nebeneinander, im Geist, auf der Bühne, auf unserer Wanderung, die jetzt an einem stockenden Wasserlauf entlangführt, der – wie ich erfahre – alle Seen im Umkreis miteinander verbindet. Ich überlege, ob ich ihn wirklich noch einmal auf diesen einen Satz ansprechen soll, der nie fehlen darf, wenn irgendwo über ihn geschrieben wird, auf diese Parenthese von der Dialektik, ohne die wir auf Anhieb dümmer dächten, aber eben: »[E]s muß sein: ohne sie!«[101] Noch ehe ich mich aber dazu durchringen kann, erblicke ich in der Ferne, weit von uns, wieder diese Schatten, staksende Geschöpfe mit langen Hälsen, und beim nächsten Hinsehen sind sie schon fort. Die Kraniche, wird mir unscheinbar leise beschieden. Es sei zu warm, sie flögen nicht mehr in den Süden. Keineswegs also eingefrorene Zeit hier, denke ich bei mir, und doch: Stillstand der Natur, von Wärme eingeschlossen. Kein Trakl'scher Herbst mehr, kein »Helian«: »Tönende Bündel vergilbten Korns, / Das Summen der Bienen, der Flug des Kranichs. / Am Abend begegnen sich Auferstandene auf Felsenpfaden.«[102]

Das bleibt schön, aber *hier geblieben* ist es eben nicht; ein Gewusstes noch, Verse im Kopf, aber nicht mehr wiederzugewinnen. Darin liegt womöglich die Größe: Zu ertragen, dass solche Dichtung noch in ihrer Schönheit erkannt werden kann, dass von ihr für uns aber nur noch die *Geste* bleibt, mit der man sich auf sie beruft. Erschütternde Sätze, die Strauß da einst notiert hat:

> Es gibt eine Form von Verehrung, die jede Scheu vor der unverwandten Größe verloren hat. Dann nimmt das Verlangen von uns Sozialversicherten überhand, sich eine Heroik für das eigene unansehnliche Leid auszuborgen.[103]

Beschämender Gedanke. Wir folgen dem Bachlauf, bis er in diesen Weiher mündet, den wir zuvor bereits im Schattengrund liegen sahen. Ein kleiner, aber durchaus hoch angelegter Steg erhebt sich an jener Uferseite, die wir passieren. Argos hat uns dort bereits erwartet, über dunklem Wasser, vergeblich hoffend, dass wir ihm dort hinaus folgen würden. Dies sei sein See, also: der See, an den er zum Schwimmen gehe, täglich, wenn das Wetter es erlaube, sagt Strauß. Heute dann also vermutlich nicht, ergänze ich in Gedanken.

Für einen Moment halten wir inne, und jetzt sehe ich's: Der Wasserspiegel ist keiner, nur matte Fläche. Angehaltene, ja: getilgte Reflexion. Der Hund schaut mich wissend an. Und jetzt möchte ich dann doch einmal fragen, wo wir denn nun hingekommen seien, ohne die Dialektik. Mein Begleiter sieht mich etwas verdutzt an. Was ich meine? Ob er das geschrieben habe? In *Paare Passanten*? Ach so, weil er sich da einmal von Adorno abgesetzt hat. Ich bereue meine Frage, aber Strauß ist gütig und lenkt Schritt und Gespräch wieder in eine andere Richtung, nach oben, dem Haus nun zu, über Henry James und Benn – es gibt ein Recht auf Irrtum – schließlich zurück zum Griechischen. Angetan hat es ihm insbesondere das Epitheton des Hegesias von Kyrene: »der zum Tod Überredende«, Πεισιθάνατος, ein Philosoph ohne überlieferten Text. Von seinem »Hungerselbstmörder« wissen wir nur dank Cicero, der aber immerhin mitteilt, Hegesias sei »das Unterrichten [...] vom König Ptolemaios verboten worden, weil viele, nachdem sie ihn gehört hatten, sich den Tod gegeben hätten«.[104] Mutmaßungen über den Ursprung einer Denktradition, die unterstellt, dass nur dem Unverständigen das Leben nützlich erscheine, es dem Verständigen aber gleichgültig sei.[105]

Vergnügen und Schmerz, das Einzige, was uns bleibt; Vergnügen jedoch eine Hinfälligkeit, der Schmerz zu vermeiden. Selbstbestimmtes Sterben bleibt dann als Konsequenz, und über dem kurzen Aufleuchten von Begeisterung im Gesicht meines Begleiters verwandelt sich »der zum Tod Überredende« von einem uns in Schrift verlorenen Kyrenaiker zur Stimme einer ganzen Welt: *Alles* ringsum, das ganze Tal überredet zum Tode. Die Kunst besteht wohl darin, der Persuasionsgewalt noch ein wenig standzuhalten und der Rede zu lauschen. Und so ziehen wir noch ein paar Minuten stumm miteinander einher, der Friedenseiche entgegen, die jemand 1918 gepflanzt hat und die uns jetzt aus der Höhe anschweigt.

Bald sitzen wir wieder am Tisch, beim Kaffee, reden. Einmal vom Kommenden: Ein Buch für den Herbst. Nicht ausladend; eher Fragmente, romantisches Schreiben, Brouillon. Es müsse eigentlich nicht sein. Ob er mir nicht zeigen wolle, wo er denn eigentlich arbeite? »Kommen Sie«, nickt Botho Strauß mir zu, steht auf und verlässt den Raum. Ich folge ihm die Treppe hinauf, die sich mittig durch das Haus windet, drei Stockwerke an Bücherwänden entlang, bis wir in einem hohen, hellen Raum stehen. Sofa, Lesetisch, Schreibtisch, große Fensterfront. Der Blick fällt in das leere Tal wie in eine Spielzeugwelt; fast erahne ich unsere Spuren. Am unteren linken Rand der Weiher.

Auf dem Schreibtisch ein Relief. Aus Rhodos, erfahre ich; es zeige den Dramatiker hinter dem Vorhang. Ich bin mir freilich nicht so sicher, ob der Mensch, der dort zu sehen ist, wirklich hinter dem Vorhang sitzt – oder nicht vielmehr davor, in seinem eigenen Stück, auf seiner eigenen Bühne. Der Mann, der neben mir steht und mit unverwandtem Blick das Bild betrachtet, in ihm zu lesen scheint, die Geschichte von dem, was übrigblieb: Er hat nicht wenig gemein mit dem von ihm in Szene gesetzten Robinson Jeffers. Auch der ein Bauherr, allein vor dem Turmfenster, ewiger Blick auf den Pazifik in seiner »leisdröhnenden Gleichheit«.[106] Ein Stadtflüchtling wie Strauß. Jeffers' Zorn geht ihm freilich ab; er verstummt vor der Auskunftserwartung, vor der Forderung, dass er noch etwas zu schreiben habe, »damit endlich Klarheit herrscht, damit wir endlich wissen, woran wir mit Ihnen sind«.[107] Wir steigen wieder hinunter.

Ums Haus schleicht der Hund. Bald mache ich mich davon, nicht ohne baldige Wiederkunft zu versprechen. Am Bahnsteig von Warnitz bittet mich ein junger Mann um Zigaretten. Er schimpft höhnisch auf die Bahn, die pünktlich kommt und ihn mit nach Berlin nimmt. Und auch mich.

III

5. Die Wiedervereinten

Wieder in der Vorgeschichte dieser Begegnung, über den Texten. Vor mir ein Programmheft der Münchner Kammerspiele: Botho Strauß, »Schlußchor«, Uraufführung 1. Februar 1991, Spieldauer dreieinhalb Stunden, eine Pause. Regie führt Dieter Dorn.[108] Opulentes Konvolut, zwanzig auf fünfundzwanzig Zentimeter, vierunddreißig Seiten zuzüglich Einleger. Auf dem Umschlag schließen sich erster und dritter Akt im Bild zusammen; ein Adler fotografiert sich mitsamt dem Figurenensemble, das er in seinen Fittichen hält. Im Innern des Hefts dann der Erwartungshorizont. Schwarz-Weiß-Reproduktionen von Gemälden, Kirchner, Magritte, Böcklin, Corinths *Salome*, Picassos *Frau vor einem Spiegel*. Solche Bilder. Ganz vorne, auf der Innenseite des Umschlags, ein Foto von Botho Strauß. Literatur daneben: der im Stück gelesene *Siebenkäs* Jean

Pauls, der Lemmaeintrag »Adler« aus dem *Wörterbuch des deutschen Aberglaubens*, Luther-Bibel, Reichenbachs Od-Lehre fehlt nicht, ein bisschen Darwin, ein bisschen Leopardi. Sodann Kluges von Flusser über den Fotoapparat und eine Passage aus Nelson Goodmans *Weisen der Welterzeugung*, in der erklärt wird, warum das, was man vor sich sieht, immer nur ein Teil dessen ist, was sich vor einem befindet. Gewecktes Gespür für das Verschwinden des Details in der Welt, der Individualität in der Menge. Anspielungen, die ins Stück hineingeschrieben wurden, werden hier also wieder herausgeschrieben; wenn man möchte, kann man hier noch einmal so einiges nachlesen, was man während der Aufführung überhört oder nicht mehr ganz oder niemals parat hatte.

Dazu gehören dann auch Texte des Autors selbst: Auszüge aus *Die Widmung*, aus *Rumor* und dem »Aufstand gegen die sekundäre Welt«, gleich zum Eingang gibt sich auch das Karpfenmaul aus *Der junge Mann* nochmals die Ehre. Die Contrainte: Deutschland, die Deutschen, das Deutsche. Noch sechs Jahre vor der Uraufführung von *Schlußchor* hatte das Gedicht *Die Erinnerung an einen, der nur einen Tag zu Gast war* über das Land räsoniert, das ungekannte:

> Zwei fremde Staaten nur, die mir verboten,
> je im Namen eines Volkes der Deutsche zu sein.
> Soviel Geschichte, um so zu enden?[109]

Ein anderes Ende war dann doch vorgesehen und wartete sogar fast um die Ecke, der Text scheint es sogar zu ahnen:

> Man spüre einmal: das Herz eines Kleist und die Teilung des Lands. Man denke doch: welch ein Reunieren,
> wenn einer, in uns, die Bühne der Geschichte aufschlüg![110]

Auch diese Zeilen finden sich in jenem Programmheft zum *Schlußchor*. Doch lesen sie sich nicht triumphal, als in Wirklichkeit übergegangene Prophetie der Dichtung. Das »Reunieren«, von dem im Gedicht die Rede war: Es ist gar nicht Wirklichkeit und kann es auch niemals werden. Eine Bühne erhält allein der *Anspruch* auf Geschichte, Symbolik, auf Pathos, auf den von jedem erlebten großen nationalen Moment, ein Anspruch, der umso deutlicher sich als unerfüllbar erweist, je brachialer er erhoben wird.

Drei Anläufe dafür, dreimal Scheitern. Drei Opfer. Erster Akt: fünfzehn Personen vor dem Fotografen, viel Geschwätz, ein »kleines Betriebsjubiläum«. Aufs Bild soll »ein einziges Wesen, ein

Wesen mit einem völlig *neuen* Gesicht«[111] – doch das Wesentliche, die »wahre Gestalt«, erkennt jeder nur in sich selbst. Der Fotograf vermag aber nicht *jeden*, sondern nur *alle* abzulichten, er findet die unverstellte Individuation nicht, und so bleiben von ihm am Ende »nur noch ein Bündel Kleider und die Schuhe auf dem Boden«.[112] Zweiter Akt: Der Architekt Lorenz erscheint zu früh bei seiner Auftraggeberin Delia und sieht sie nackt, das Versehen bindet ihn an sie, unterläuft die Baupläne, lässt Lorenz rapide altern, und nach einer von Delia gegebenen Party erschießt er sich mit einem Revolver, den er zufällig in der Tasche eines vertauschten Mantels gefunden hat. Dritter Akt: Im Restaurant »Schildhaus« finden sich am Abend der Maueröffnung eher zufällig als verabredet Bekannte und noch einander Unbekannte ein, unter ihnen Anita, die Tochter des Hans Ulrich von Schastorf, Monarchist und Teil des konservativen Widerstands gegen Hitler, 1944 auf seinem Landgut dann von den Nazis erschossen. Nach einem Streit mit dem Historiker Patrick, der ihr vorwirft, bei der Edition der Tagebücher ihres Vaters diesen zum patriotischen Helden verklärt zu haben, verwandelt sich die Szene um Anita in einen Zoo. Dort zerschneidet sie eine Voliere und provoziert den darin befindlichen Adler, der jedoch keinen Willen zur Aggression mehr zeigt, sondern »fluggewordenes Erz«, »[a]lt und grau und machtlos« bleibt.[113] Das Schlussbild zeigt Anita dann »bis zu den Waden in Federn, mit blutendem Gesicht, den abgeschnittenen Fang des Vogels in der herabhängenden Hand«.[114]

Mit der vereinten Nation verhält es sich nicht anders als mit der Liebe: Sie »bildet in ihrem Rücken Utopie«.[115] Der Augenblick, in dem sich Mythos und Gegenwart berühren, Geschichte begründen, bleibt bloße Rückprojektion. Er lässt sich nicht in Zeichen überführen, speichern, reinszenieren, erinnern, und deswegen kann er auf diesem Theater auch nicht stattfinden. Beschwört man den »historischen Moment« wider jede Vernunft aber doch, enthüllt sich die deutsche Szenerie – begonnen bei ihren größten Verbrechen, mit denen sich die Maueröffnung das symbolische Datum teilen darf – als Farce, als Behauptung einer Präsenz, wo doch immer nur Rationalisierung, gefährlich banale Auslegung[116] statthat. Im günstigsten Fall bleiben die Dinge dann Nachrichtengeschehen, Spekulation über die Kosten der neuen Nation, verzerrtes Fernsehbild mit unförmig wirkenden namenlosen Ostdeutschen in graublauen Blousons und enervierendem »Deutschland«-Gerufe im Hintergrund. Im Ernstfall aber endet man bei zerfleischten Allegorien, im Blutrausch. Wenn der Adler »nicht spielen kann«,[117] weil das Theater und seine Zeichenkultur ihm fremd sind, dann wird aus dem

Spiel notgedrungen Ernst, man deutet ihn zu Tode. Anders formuliert: Um an das »Herz eines Kleist« zu gelangen, in dem das Unsagbare, das Unbeschreibliche, beschlossen liegt, müssen die frisch Vereinigten es ihm dann eben doch penthesileengleich »aus dem Leibe reißen«.[118]

Worüber man sich rasch verständigen kann: An die Stelle der deutschen Wiedergeburt tritt hier deutsches Verdämmern. Etwas geht zu Ende, auch wenn man nicht genau sagen kann, *was* es ist. Das Stück selbst hat so seine Vermutungen: »Ab nun verfällt die Republik«, heißt es da.[119] Doch was besagt das vor einer Kulisse wie der gezeigten? In einer Welt, die keinen festen Grund besitzt und sich immer schon verfehlt hat?

Vielleicht, so scheint es mir, geht es in diesem Stück gar nicht so sehr um »Deutschland«, zumindest nicht um das politische. *Schlußchor* markiert vielmehr den Abschied von einer Form des Theaters, das die Autorschaft »Botho Strauß« zu einer Instanz der deutschen Dramatik hatte werden lassen: ein Theater, das von einem posthistorischen Selbstverständnis getragen wurde. Die Entsorgung der Zukünfte, der »mythologischen Verzeitlichung«,[120] die Psychismen, die diese Stauung der Zeitflüsse hervorruft, die schleichende Neutralisierung alles Ereignishaften, die man den 1970ern und 1980ern – ich bleibe hier bewusst unpräzise – attestiert: Ist es nicht das, was man auf dem Scheitelpunkt dieses Werks zu sehen bekommt? Leben die Gestalten, die in ihm hausen, nicht sämtlich vom Strandgut halbbegriffener, nicht zu Ende gedachter Diskursphänomene, wie sie *Paare Passanten* 1981 geradezu programmatisch durchdekliniert?

> Nicht »zwei Kulturen«, aber der Pool, das Gesamtheute der Konsumentenkultur in eines Menschen Kopf; Zuflüsse von Ernst Jünger und The Clash, von fantasy novel und RAF, von Schwarzer Botin und Ozu-Retrospektive; Zuflüsse, die sich überlagern, spalten und durchqueren.[121]

Alles für sich ganz interessant, aber alles auch irgendwie gleich viel wert oder unwert. Nichts davon führt noch an einen anderen Ort als ins Jetzt. Das ist wohl das eigentlich Bestürzende: Dieses Jetzt hat kein Außen, man kann sich zu ihm nicht abgrenzend verhalten, und auch ein Buch wie *Paare Passanten* kann von der Misere nur im Wissen sprechen, selbst ein Teil von ihr zu sein. Schriftstellerei bleibt in der Konsequenz und im besten Falle Selbstdiagnostik: Einsicht in die eigene Verstrickung, mitunter schonungslos, aber auch ohne echten Ausweg.

Was Botho Strauß auszeichnet, ist seine Fähigkeit, jener letztlich prekären Konstellation der späten BRD einen Raum zuzuweisen, in dem sie begehbar, benennbar wurde: das Theater. Das Theater, verstanden als Denkform, als Artaud'sche Aufstörung der Schatten, dort, »wo das Leben fortwährend versagt«:[122] Das Theater als Obduktionssaal der westdeutschen Republik. Darin versammeln sich die in der Zentrifuge des ewigen Gleichlaufs Zerrissenen, die Menschen von Saarbrücken bis Essen, von Kaiserslautern bis Wuppertal, bis Sylt. »Wir alle blicken jetzt auf uns zurück«.[123] M15, eines der unfotografierten Subjekte aus dem ersten Akt des *Schlußchors*, erspürt als erstes den *terminus post quem*, der gerade das Theater des Botho Strauß mitsamt seinem Personal ereilt hat. Rechenschaft wird verlangt, die Summe gezogen. Was bleibt von uns?

6. Wien, Hotel Intercontinental

»Liebe.« Es ist Samstagnacht in der Interconti-Bar, kurz vor eins. Eben noch eine Vorstellung im Akademietheater, *Der einsame Westen* von Martin McDonagh. Jetzt sitzen wir hier zu fünft, vor dem größten Kristallluster der Welt, wie mir Maria versichert, umzingelt von weiß gekleideter Kellnerschaft. Alle Gespräche werden mehr oder weniger gleichzeitig geführt. Aus diesem Grund entzieht sich mir nach und nach die Logik der thematischen Abfolge, zumal der stete Zufluss von Averna Sour langsam stärkere Effekte bei mir zeitigt.

»Liebe«, sagt Dieter, »um Liebe geht es da«. Da außer ihm niemand meine Frage überhaupt vernommen hatte, blicken die anderen jetzt alle etwas verwundert drein. Langsam verstehen sie, dass wir nicht mehr über McDonagh sprechen, sondern über die *Trilogie des Wiedersehens*, Strauß' drittes Stück. Dieter kennt es ganz gut, er hat damals, im Mai 1977, die Uraufführung im Schauspielhaus Hamburg inszeniert. Ein seltsam tumultuarischer Abend ist ihm in Erinnerung geblieben: Ein achtundsechzigjähriger Mann habe die Vorstellung immer wieder mit Zwischenrufen gestört und wollte auch gegen Rückerstattung des Eintrittsgeldes das Theater partout nicht verlassen. Dementsprechend sei nach der Pause die Polizei im Saal erschienen und habe den Mann unter lautstarken Protesten abgeführt.[124] So wirklich nachvollziehen können wir die Geschichte nicht; die Motivation der Störung bleibt uns verschwommen. Dieter entsinnt sich einer Aggression gegen den Autor im Vorfeld, eines latenten Furors, der sich bei der Premiere wohl entladen habe, was, im gewissen Sinne, nur konsequent sei, wirft Roland ein, das Stück verhandle ja gerade die subtilen Formen zwischenmenschlicher Verachtung. Grad eben stand Roland noch als irischer Säufer auf der Bühne, auf den Fingerknöcheln prangen nach wie vor die Tätowierungen »Hate« (links) und »Love« (rechts), das »L« aber bereits leicht verwischt, wie mir scheint. Verachtung walte da allerorten, sogar und gerade zwischen Vater und Sohn, zwischen Franz und Answald, einer mittelmäßigen und einer scheiternden Schauspielerkarriere. Roland, Burgschauspieler und Dozent am Max-Reinhardt-Seminar, hat schon beide Rollen gespielt – im generationell angemessenen Abstand von zwanzig Jahren – und beherrscht dementsprechend verschiedene Angriffsformen mit der Männerhandtasche. Herausforderungen seien diese Charaktere, schwer zu verkörpern, gerade weil sie ihre Dramen eigentlich in sich trügen. Und da liege dann auch das produktionstechnische Problem: Um Strauß zu spielen, brauche man einfach ein sehr, sehr gutes Ensemble. Ansonsten hätte man das Qualitätsgefälle sofort unkaschierbar auf der Bühne, und dann würden die Stücke auch nicht mehr funktionieren. Was gleichwohl nicht bedeute, alles sei verloren. Man könne Strauß dann sehr wohl noch geben, aber vermutlich nicht mehr in der Urform. Mache man sich einmal daran, die Dramen als Material zu betrachten, mit den Einzelszenen zu arbeiten, die Rollen weiterzudenken, dann würde sich das Potenzial dieser Stücke, die ganze Größe ihrer Inventio, erst zeigen.

Ich habe noch gar nicht zum »Aber« angesetzt, da kommt auch schon die Einschränkung: Um Material zu werden, müssten Stücke ohnehin erst einmal altern. Und so alt sei das Strauß'sche Theater einfach noch nicht. Da klebe immer noch zu viel öffentlicher Diskurs dran, der zwar mit den Stücken selbst erst mal wenig bis gar nichts zu tun habe, aber den man unter Regisseuren natürlich fürchte wie der Teufel das Weihwasser. Ich verstehe, was damit gemeint ist, und Roland versteht, dass ich's verstehe, und meine Aufmerksamkeit zieht langsam weiter, denn am anderen Ende des Couchtischs spricht Vera gerade mit großem Enthusiasmus über Maria Lazars Einakter *Der Henker*, den nicht zu kennen mich beschämt. Im Unterschied zu mir ist Vera noch sehr klar in ihren Gedanken und deswegen kommt die Szene mir dann doch schnell vor Augen: Ein verurteilter Mörder durchwacht seine letzte Nacht in der Todeszelle. Da er keine Uhr besitzt, bemisst er seine letzten Stunden am Stand des Petroleums, mit dem seine Lampe befüllt ist. »Verstehst du: Alle Zeit ist Licht, weil alle Zeit verbrennt.«

Das ist schön, weil es wahr ist. Und weil es hier, Luster hin, Luster her, auch so aussieht: Die Bar ist erfüllt vom Rauch verflammter Jahre, ein Lagerfeuer im Erdgeschoss eines marode gewordenen Betontraums der späten Sechziger. Der Abriss des Hotels sei längst beschlossene Sache, erklärt mir Maria. Es gebe aber Einspruch um Einspruch, Aufschub um Aufschub. Einen Turm wollten sie errichten stattdessen, einen dieser Schwurfinger des Geldes, doch die Höhle hier unten – das dürfe man doch nicht aufgeben. Kulturgeschichte sei das, und Vera macht mich auf die Porträts aufmerksam, die hinter uns über dem Sofa hängen. Rechts oben, über dem Dalai Lama und neben Udo Jürgens, blickt uns Dieter entgegen, vermutlich aus dem späten 20. Jahrhundert heraus. Zugleich vernehme ich seine Stimme in meinem Rücken, auch sie im Damals versunken: Kalifornien 1980, die *Trilogie* in Amerika, er und Botho in der Wüste, in Los Angeles, Jeffers' Hawk

Tower im Monterey County, Patti LuPone in *Evita*, er und Botho hingerissen von ihr. Eine gute Zeit. Eine gute Zeit. Fast bin ich schon dort, als er das Wort doch noch einmal an mich richtet:

»Um aber noch mal zum Anfang zurückzukommen: Du wolltest doch wissen, worum es in der *Trilogie* eigentlich geht. Vielleicht war ich nicht präzise genug. Einigen wir uns auf: pervertierte Liebe. Pervertierte Liebe ist auch Liebe.« Der Satz trifft mich und verbreitet sich augenblicklich wie ein Nebel in meinem Neocortex.

7. Kapitalistischer Realismus

Die *Trilogie des Wiedersehens* begreift bereits alles in sich, was Strauß' bundesrepublikanisches Theater durch die kommenden anderthalb Jahrzehnte tragen wird. Hier konstituiert und schließt sich die Echokammer erstmals, in der – Stück für Stück – von nun ab Rollen und Kernmotive, Kulissen und rhetorische Gesten abtauchen und wiederkehren. Schon im Eingangsmotto des Stücks begegnet uns das Auge, nach dem man sich noch im *Schlußchor* verzehren wird, das »eine[] Auge, das Sie überblickt, das Ihre wahre Gestalt ans Licht befördert«.[125] Das Motto entstammt Batailles *Die innere Erfahrung* (1943):

> Wenn ich im Herzen der Angst eine befremdliche Absurdität leise wachrufe, so öffnet sich ganz oben in der Mitte meines Schädels ein Auge.[126]

Läse man bei Bataille weiter, so würde man darauf verwiesen, dass dieses dritte Auge im Scheitelpunkt sich von den beiden anderen dadurch unterscheidet, dass es nicht geneigt ist, sich »durch ein triviales Band den Dingen meiner Umgebung zu unterwerfen«, dass es auch nicht das Auge der Vernunft abgibt, sondern als ein »Schrei« gedacht wird, als Aufblicken in die »unendliche[] Leere«, die Leere des Himmels.[127] Davon liest man nun in der *Trilogie des Wiedersehens* nichts, wiewohl es auch in diesem Stück wieder viel ums Sehen geht. Ein Menschengelichter irrt in einer Kunstausstellung umher, die dem »Kapitalistischen Realismus«[128] gewidmet ist und wegen eines skandalumwitterten Bildes – dem »Karneval der Direktoren« – kurz vor der Schließung steht, letztendlich aber doch geöffnet bleibt. Bereits getrennte, sich trennende, sich neu- oder wiederfindende Paare, offen ausgespielte und stumme Betrügereien beherrschen das Spiel im Vordergrund.

Ich schaue Peter Steins Schaubühnen-Inszenierung von 1978. Gesetzt schleifende Männerschritte auf nass wirkendem Läufer, dann die abgesonderte, in sich verzweifelte Susanne in der Großaufnahme, gespielt von der ihre Silben so langsam und stoßweise aushauchenden Libgart Schwarz, dass die habsburgische Färbung ihrer Worte die Frau vor allem anderen auszeichnet. Die Figur ist nicht wichtiger als die übrigen sechzehn, jedoch wird sie, am Ende der sechsten Szene des dritten Aktes, die Summe unter den ganzen Spuk ziehen:

> Er ist gegangen oder ich bin gegangen. Unsere einzige Hoffnung: der gleiche Lauf der Wiederholung … Am Anfang ist immer der Abschied … dann kommt ein Wiedersehen …[129]

Auf diese Wiederkehr des Wiedersehens ist die Szenendynamik abgestellt. Leidenschaft, die Goethe'sche, ist nur mehr bleiernes Zitat[130], herumgereicht wie Münzgeld zwischen den Figuren Marlies und Felix, Lothar und Ruth, Moritz und Susanne und so fort, in immer neuen Konstellationen. Der Eros ist schwerfällig geworden, lastet, gleich dem etwas dumpfen Ton und dem leicht körnigen Bild der Aufnahme, wie Brokat auf den Figuren. Die Lust befreit die Menschen zu nichts, sie lässt sie nicht fliehen. Reißen zwei aus, reicht es gerade einmal bis ins Bundesbahnhotel – und dann folgt auch schon die Umkehr, weil man dort, in der Einsamkeit des Paares, die grauenvolle Wahrheit erkennen muss, dass man einander nichts ist. Und so schleicht man sich also ohne Vollzug von dannen, schickt sich weg, weil man im andern nur noch die eigene Leere[131] zu entdecken vermag. »Ich stell in seinen Augen nämlich gar nichts dar«, wie Ruth sich nach ihrem vorzeitig abgebrochenen Seitensprung ausdrückt.[132]

Alles ist Bild, wirklichkeitsheischendes Bild, die Menschen und ihre Gemälde, alles eine Ausstellung: »kapitalistischer Realismus«. Eine Kunst, die der sie hervorbringenden Zeit deswegen so nahekommt, weil diese selbst durch und durch ein bloßes Simulakrum ist. Dementsprechend kommen einem die »guten Bilder [...] alle gleichsam unwirklich vor«,[133] mag man sie auch noch so präzise kategorisieren, dem Natur- oder Fotorealismus, wahlweise auch einem empfindlichen, einem deutschen oder gar einem mythischen Realismus zuordnen.[134] Eingeschrieben ist ihnen immer die prätentiöse Behauptung von Substanzialität, deren Widerruf letztlich das sich zwischen Bildern abspielende Leben ausmacht.

So betreibt dieses Drama dann auch im Wortsinn Exhibitionismus: Schonungslos zeigt es die Figuren in ihrer transzendenten, wenngleich nach wie vor libidinös aufgeladenen Nacktheit. Festgehalten ist auch sie im Bild, auf den Polaroids, die das kamerabewehrte Scheidungskind Kläuschen wahllos schießt und damit der aufgestörten Menge immer wieder momenthaft ihre Subjekte entreißt. Jedes Foto für sich genommen das Porträt einer Welt, die »einfach nichts Reelles zustande« bringt.[135] Wenn er einmal älter ist, der Fotograf, wird man ihn für seine dokumentarische Arbeit lynchen; Kindern lässt man so etwas noch durchgehen.

Scharf konturiert erscheint die Deprivation des Menschen auf dieser Bühne. Strauß erlöst sein Personal nicht vom aristotelischen Gesetz, entlässt es nicht aus der theatralen Verantwortung, obwohl er weiß, dass es diese nicht mehr tragen kann. Gerade die Strenge im formalen Aufbau legt das dramatische Unvermögen der Welt offen: Krise ist immer, Katastrophe unablässig, Entwicklung nirgends.[136] Man könnte dieses Stück endlos weiterspielen, ohne dass sich Neues ergäbe; noch der Ausgang, den die Textvorlage stiftet, weist in eine Abteilung mit dem Titel »Einbildungen der Realität«. In Steins Inszenierung sitzt im letzten Bild freilich der Kunstvereinsdirektor Moritz, im Rücken ein abgehängtes Gemälde und die Augen mit Gaffer Tape verklebt, allein auf der Bühne, während im Hintergrund Kläuschen seinem Vater aufgeregt die Funktionsweise seiner Kamera erklärt. Wo jeder Blick die Leere nach sich zieht, da wohnt nur in der Blindheit noch Errettung.

Was bleibt, ist Erotik, nicht Eros: aufgestaute, ausgestellte, stets heil- und hoffnungslose Laszivität in den Blicken, auf den Lippen, in den Bewegungen der Hände, den übereinandergeschlagenen Beinen, der Beugung des Nackens; im Schreiten, im Räkeln, im Sinken. Bisweilen bricht sie einmal heraus und muss dann gewaltsam wieder zurückgedrängt werden. Die Textfassung lässt diese Momente mitunter in der Blende verschwinden. Steins Inszenierung buchstabiert sie indessen aus, und ich erschrecke weniger ob der bezeichneten

Gewalt als ob der klanglichen Choreografie körperlicher Rohheit, wenn die Malerin Marlies unter dem Schlag ihres Freundes Felix, der sich von ihr »nicht anfassen« lassen möchte, zu Boden stürzt.

Jener Schwüle und Schwere, jener aufbegehrenden wie zugleich rigide zurückgestoßenen Physis ist eine unmerkliche temporale Signatur eingeschrieben. Den Zeitgenossen ist sie unheimlich, sie möchten sie gerne hinter sich wissen, lassen einen eigentümlichen Willen zur Distanzierung erkennen, wie etwa Hellmuth Karasek in seiner Besprechung der Uraufführung der *Trilogie des Wiedersehens* im *Spiegel* vom 23.5.1977. Was man auf der Bühne zu sehen bekomme, so Karasek, das sei »eine zeitlich unendlich weit entfernte Epoche, das Gestern, das heute schon wie ein Höhlenfund bestaunt wird«, nämlich »das Jahr 1975«, das »wie in nostalgischer Trauer fixiert« werde.[137]

Nie wäre mir in den Sinn gekommen, dass die *Trilogie des Wiedersehens* überhaupt so etwas wie ein »Gestern« verhandelt. Wenn man Karaseks Besprechung eines entnehmen kann, dann wäre das doch vielmehr Folgendes: Alle Ausdifferenzierungsbemühungen des »Zeitgeistigen« dienen immer nur der Rettung des Heute vor der eigenen Musealisierung – und mit »Musealisierung« meint man dabei das Verbleichen dessen, was noch läuft und schreit, was bereits eingesargt und in Glasvitrinen verbracht ist, sich abstauben und zählen lassen muss. »Nostalgische Trauer« kann man das gerne nennen, aber mit dem, was man bei Strauß' besichtigen kann, hat das eigentlich gar nichts zu tun. Einerlei ob 1975 oder 1977: Radikal sind Strauß' Dramen darin, dass sie keinerlei Vergangenheit kennen – bis auf eine, nämlich die Vergangenheit, die das Theater selber darstellt.

So speisen sich diese Stücke aus einem Bewusstsein, das unentwegt Wünsche freisetzt, von deren Verwirklichung die Figuren jedoch ontologisch, also: *so, wie sie sind*, ausgeschlossen sind. Im gezwungenen, ins Nichts ausschlagenden Voluptuösen, in der erotischen Verirrung, die ja tatsächlich eine BRD-Spezialität ist, verdichtet sich diese Widersinnigkeit zur Silhouette. Ausgespannt wird sie hingegen in den Galerien, Kneipen und Arztpraxen, in den Mietswohnungen, die gerade *keine* Kulisse sind, sondern denen die Schaubühnen-Ästhetik mit ihren geweiteten, überhöhten, ausgeleuchteten Räumen selbst wiederum eine Kulisse stiftet. Man kann diese Räume lesen: Wir sind auf dem Theater, immer und immer noch, auf einem Theater, das die Strenge der Form noch kennt, in dem das Wort und dessen Auslegung das Zentrum bildet. Aber die Schauplätze, durch die wir uns bewegen, lassen uns nicht mehr in ein dramatisches Geschehen eintreten. Sogar und gerade dann, wenn in *Besucher* (1988) der Theaterbetrieb selbst den Vordergrund des Spiels bildet, wird vor allem deutlich, dass wir das Theater zwar für eine Institution unserer Zeit halten mögen, es sich aber nur *in* unserer Zeit befindet. Es hat mit dieser Zeit sonst nichts weiter zu tun. Freilich kann man auf dem Theater noch Spuren einer Welt finden, in der es um etwas ging. Sie spricht noch in den Kulissen, diese Welt, wir können ihre Rede noch vernehmen. Aber uns, *so, wie wir sind*, meint diese Rede nicht.

Es ist dieses ausgesprochene, durchgearbeitete Nicht-gemeint-Sein, dieses Anathema, das über Strauß' Theater schwebt und das uns in dem Maße anspricht, in dem es uns abweist. Präzise trennt es das, was wir hätten sein können, von dem, was wir geworden sind – und gefährlich bleibt es, das eine mit dem anderen zu verwechseln.

> Man rührt die graue Vorzeit nicht in jemand
> an, ohne daß er damit leben kann. Erweckt in
> Menschen nicht die nackte Gier,
> wenn Kleid und Geist sie streng behindern.
> [...]
> Entzündet keine Seele, bevor man weiß,
> daß nicht statt Liebe bald ein anderer,
> ganz obskurer Zunder brennt.[138]

Der aus dem *Sommernachtstraum* entliehene Oberon glaubt nicht an die Wesen, an all die Fahrlehrer und Datenkaufmänner, die Strauß durch seinen *Park* wandeln lässt. Nicht dass die Menschen etwas dafürkönnten, aber überfordert sind sie mit jenem Verlangen, dessen Herkunft sie nicht mehr kennen, allemal. Besser täte man wohl daran, sie nicht mit dem Mythos der Begierde zu konfrontieren, ohne den sie bisher ganz gut leben konnten. Nun aber haben sie sich in ein Theaterstück verirrt – und wir sahen und sehen sie dort, sehen uns selbst in unserer ganzen Unbeholfenheit, und der »obskure Zunder« brennt.

8. 1982

Lichterloh brennt der obskure Zunder in *Kalldewey, Farce*. Farce, »Lumpige Farce«, der *Achtzehnte Brumaire* ist gekommen.[139] Einst war Tragödie, und wir führen sie noch im Munde. Aber unsere Welt kennt keine Auflösung mehr, nur noch lächerliche Wiederkehr von Geschichte. Dauerschleife, fortgesetzte Abschleifungen des Tragischen. Die Figuren wähnen sich »verflucht in eine ewige Komödie, verbannt ins Grauen heftiger Belustigung. So überleben wir und wiederholen uns und werden's wohl für alle Zeiten tun«.[140]

Wiederholt werden die Worte, und liest man das Stück, dann sieht man das Zitatgewitter,[141] einen Regen von Theatertradition, Shakespeare, Caldéron, Ionesco, Beckett, alle heraufbeschworen und alle von der Gegenwart verbogen. Wiederholt werden indessen auch Gestalten, allen voran Orpheus und die Mänaden. In Luc Bondys Inszenierung von 1982 wird Otto Sander im Beisein von Waschmaschine, Telefon und Kühlschrank von drei Frauen in Stücke gerissen, bezaubernd Edith Clever, das Haupt des Gemahls in Händen, »oh mein Freund! Küss mich, leck meine Augen« und so weiter.[142] Ich könnte die Szene in Schleife laufen lassen, so schön ist sie, zehnmal, fünfzigmal, hundertmal. »Ich habe die Liebe / ich teile nicht«, ruft die Frau am Ende des Monologs aus. Und man möchte ihr gerne glauben.

Aber das Stück endet nicht hier. Die Eroberung der Liebe ist bloß von kurzer Dauer, im zweiten Akt ist Otto Sander wieder heil, es sind wieder dieselben vier Personen auf der Bühne, man redet genussvoll über den gerade gesehenen Film, ein »Atlantis der Obszönitäten«[143] war es, und übersieht ob aller Ästhetisierung die leibhafte Obszönität im Raum, die fünfte Person, die man aus dem Kino mitgeschleift hat und die seltsamerweise keiner kennt: Kalldewey mit Namen, Dionysos in disguise. Als dieser endlich bemerkt wird, hält man seine Präsenz nicht aus, er stört die »Sinnproduktion«, die Therapie, der sich die Figuren unterzogen haben, ruft das verdrängte Mänadentum wieder wach. Unerträglich seine Zoten, unerträglich, mit ihm in einem Raum eingeschlossen zu sein – und doch, kaum ist er wieder weg, »zieht er mich immer stärker an«.[144] Aber fort ist er und bleibt er, und weil man seiner nicht mehr habhaft wird, irrt man dann im dritten Akt durchs Niemandsland, über den Korridor des nie ins Bild tretenden Therapeuten, verliert sich schließlich in einer Fernsehshow.

Das Stück, wie mir im Schreiben wieder beifällt, wehrt sich auf eine sehr angenehme Weise gegen seine Nacherzählung. Man versteht es, wenn man's sieht. Als Text verführt es einen zum Wiedereinzug der rechten, philologisch gestützten Ordnung: Der Mythos des Rauschs erscheint auf der Bühne, seinen Stellvertreter zerreißt es, Bocksgesang, Ursprung der Tragödie – und all das in einer Kulisse, die das Tragische grundsätzlich verneint, es unmöglich werden lässt. Dionysos mit Piccolo. Dementsprechend kann es keine Durchführung von Handlung geben, Vorher und Nachher verschwimmen, Orte werden ungefähr. Das Theater zeigt sich uns in seiner eigenen Verspätung.

Nur beantwortet das ja gar nicht die Frage, die sich mir stellt. Aus der Abstraktion heraus lässt sich nämlich beim besten Willen nicht erkennen, warum diese Dramatik so immobil, warum sie nicht »aktualisierbar« (das Wort ist so schäbig wie der Gedanke, den es ausdrücken soll) sein soll. Was haftet dem Stück also an, ja: Was macht Botho Strauß' Stücken überhaupt die Ankunft im 21. Jahrhundert so schwer?

Ohne Zweifel lassen sich äußere Gründe ausmachen, der Siegeszug des postdramatischen Theaters ist ein Faktum. Aber daneben gab es ja immer noch den Neorealismus, auch die Schaubühne steht bis heute, warum also etwa ein Regisseur wie Thomas Ostermeier nicht mehr auf Strauß' Stücke zurückgegriffen hat, stellt sich durchaus als Frage. Spricht man mit Leuten aus dem Theaterbetrieb, geht es oft um Soziales, um Peergroups, Persönliches, Generationenwechsel, natürlich auch um Politik und Ressentiments, und womöglich zählen diese oft vagen Bestimmungen tatsächlich als Argumente. Doch hat sich das von Botho Strauß ersonnene Theater nicht von Anfang an sehr bewusst die eigenen Grenzen gesteckt? Leidet es wirklich am Abbruch der Rezeption – oder ist ihm dieser nicht vielmehr programmatisch eingeschrieben? Anders gefragt: Sind diese Stücke womöglich nicht nur in ihre Zeit eingelassen, sondern betrachten umgekehrt ihre Zeit als das eigentliche Drama?

Nur mit Mühe ist der Gedanke sprachlich zu fassen. Hat man es hier doch nicht mit echten Anachronismen, mit thematischen oder theorematischen Fossilien zu tun, zumal nichts, nicht die Realität von Liebe, die gewaltvolle Grundierung alles Zwischenmenschlichen, die stete Flucht vor dem Konflikt in die Moderation und umgekehrt die permanente Dramatisierung dessen, was keinerlei dramatische Substanz bietet, sich erledigt hat oder sich jemals erledigen lässt. Bliebe also die Oberfläche, auf der sich Text und Regie kreuzen, vermengen. Ich will sie für den Moment nicht voneinander trennen und schalte noch mal zur Eingangsszene von *Kalldewey*, besehe mir die beiden Frauenrechtlerinnen M. und K., gespielt von Jutta Lampe und Miriam Goldschmidt. Das Berliner Szenedeutsch, die hyperbolische Rotzigkeit, das Fläzen, die asymmetrische Nichtfrisur, die chromatische und viskose Zusammenhangslosigkeit der Kostüme, Kunstlederjacke mit Fellbesatz, Satintop und Leggings, Leopardenprintüberwurf und auberginefarbene Nylons, das unablässige Gerauche, die insektenhafte Sonnenbrille, die verzogene Oberlippe: Natürlich ist das eine Inkarnation von 1982. Und nahe liegt der Gedanke, dass das ja alles nur Dekorum ist, Mode, austauschbar, reversibel. Da liegt der Fehler.

Strauß' Theater durchquert seine Gegenwart nämlich keineswegs zufällig, es vollzieht und aktualisiert sich nicht einfach am Zeichenmaterial, von dem es gerade umlagert wird. Es vollendet sich in ihm. Die Überinszenierung des Zeitgeistes, der Eklektizismus der Garderobe, Abendkleid auf Goldstiefelette, in der Summe: Die Vermengung von kulturbürgerlichem Gestus und Warenästhetik ist nicht nur die historische Außenseite, sondern auch programmatischer Kern dieser Dramatik. Ein Stück wie *Kalldewey, Farce* speist sich aus dem Vorwissen, mit dem andere, vermeintlich spätere Zeiten seine Gegenwart betrachten werden. Deswegen überlädt es sich mit Zeichen; deswegen nimmt es bereits in seiner ersten Erscheinungsform eine Gestalt an, die das Klischee, unter dem man heute die Welt um 1980 imaginiert, über sich hinaustreibt. Im Spiel erkannt und durchleuchtet wird bei Strauß nicht allein das Jetzt in seiner jeweiligen Phänomenalität, sondern vielmehr das Gedächtnis, das in dieser Phänomenalität beschlossen liegt und in dessen Erinnerung das Theater selbst eingehen wird und muss.

Man könnte es sich wohl auch so erzählen: Jetzt, gerade jetzt, 1982, sind wir auf einem Plateau angelangt, von dem aus wir am deutlichsten übersehen können, was geblieben ist, was bleiben wird. Mag sein, dass in kommenden Jahrzehnten andere wieder hinuntersteigen, durch die Wälder des Fortschritts ziehen und erzählen, es gäbe noch Tragödie in der Welt. Aber wir stehen auf dem Zenit, wir blicken bis zu den Küsten, und wir wissen: Es kommt keine Rettung mehr. »Revuen, Revivals, Reparaturen – alles noch einmal, nur ein bißchen schneller«,[145] so ist es, so wird es sein. Und wir wissen: Sie werden über den Fetischismus unserer Jahre spotten, über unsere saturierte Zukunftsabgewandtheit, über unsere Erinnerungsorte, die Bräunungscenter, Peepshows und Videotheken, über die HiFi-Türme, die Pauschalreisen und das Kabelfernsehen, den Technikstolz überhaupt, selbst noch über unseren Ökologismus und unsere zivilgesellschaftlichen Spiele, über den Chic der Revolte. Und sie werden vergessen haben, dass sie noch auf der gleichen Insel leben, dass immer noch keine Rettung naht, dass sie immer noch in den Wiederholungen umhervegetieren, deren Entdeckung, immerhin, wir uns zuschreiben dürfen. Zugegeben: Es ist nur eine Entdeckung, keine »Idee« gewesen, diese trostlose Abgerissenheit des kapitalistischen Realismus. Aber wir haben sie noch in Klarheit gesehen, wir haben begriffen, was uns abhandengekommen ist. Wir konnten es den Dingen um uns, den Supermarktregalen, den grünstichigen Computermonitoren, den Jutetaschen, Pornoheften und Kinderspielplätzen ansehen, ja: Wir konnten es uns gegenseitig von den Lippen, von den Augen, an den Körpern ablesen. Und wir konnten es allen zeigen. Und sie verstanden uns.

9. Nachspiel

Eigentlich wäre die Geschichte dieses Theaters damit auch schon zu Ende erzählt. Der im *Schlußchor* verheißene »Rückblick auf uns«: Er legt ein Schauspiel frei, in dem sich die Menschen in *Unversöhnlichkeit* begegnen müssen. *Unversöhnlich* sind sie, weil sie zersplittern, ohne in eine Erzählung eingelassen zu sein, an deren Ende wieder eine Utopie als »ein Miteinander des Verschiedenen« ersprießen kann.[146] Es gibt keine Sehnsucht mehr auf dieser Bühne, die auf eine Vereinigung des Nichtidentischen, auf die Entsprechung von Sache und Begriff verweisen würde. Man fängt damit auch erst gar nicht wieder an. Und so erkundet das Schauspiel, wie es Strauß mitgeprägt hat, vor allem, wie man ohne diese Sehnsucht lebt. Wohin mit der Verzweiflung, mit der Wut, mit der Liebe, wenn es keine Pläne mehr gibt, in die sie sich ergießen können? Die gezielte Handlung, die Verführung, die Intrige, die Staatsaktion – selbst noch in ihrem Scheitern, noch als *hamartía* oder als Verwechslung –, bleiben undenkbar, auf immer ein Fremdes: Alles geschieht »im Versehen«.[147]

Doch wo keine Versöhnung, da auch keine Versöhnungsfeier, keine Zeitenwende, kein großer nationaler Augenblick. Ein »ärmliches Stück«[148] habe sie gesehen, empört sich Marion Gräfin Dönhoff nach dem Besuch von *Schlußchor* in einer nicht erst heute mit Befremden zu lesenden Einlassung. Und die Antwort, die Strauß ihr zukommen lässt,[149] übersetzt sich wie folgt: Selbstredend ist es ein ärmliches Stück. Zumindest für all jene, die das Theater als Repräsentationsanstalt deutscher Geschichtsträchtigkeit begreifen und die große Zäsur auf der Bühne sehen wollen. Doch Zäsuren, die sich ästhetisieren und in Sinn überführen lassen, kann es dort, wo sich die Dinge stets absichtslos ereignen, nun einmal nicht geben.

Der Blick des Publikums hat sich zu diesem Zeitpunkt freilich bereits eingetrübt. Die Spiele der Absichtslosigkeit erscheinen ihm in der allgemeinen Feier- und Bedeutungslaune nun auf einmal als Akte der Verweigerung, des Renegatentums. Das Theater, erst einmal in die Intention gezwungen, muss seine Wahrheit preisgeben. Es muss schließen. Das Licht verschwindet. Dunkel.

Ob ich damit sagen wolle, meldet sich Vera zu Wort, dass Strauß' Stücke sich überhaupt nicht bewegen ließen, dass sie uns Nachgeborenen auf immer entzogen bleiben müssten. Sie misstraue solchen Selbstbehauptungen grundsätzlich. Irgendetwas an dieser Dramatik sei doch immer wiederzuholen, auch wenn ihr klar sei, dass man es hier mit einer sehr eigenartigen Verschränkung von Idee und Material zu tun habe. Aber ein Theater, das sich in seiner Zeichenhaftigkeit so stark an seine Gegenwart binde, dass man es nicht mehr von dieser lösen könne: Sei das wirklich denkbar? Im Zweifel wäre doch das ästhetische Modell, wäre doch, wie bei einem Readymade, die Methode nachzuahmen, auch in unserer Zeit, auch für uns. Ich teile ihr Unbehagen, und dennoch fehlt etwas in dieser Gleichung. Dass ein Stück wie, einmal angenommen, *Die Zeit und das Zimmer*, erst in der Aufführungssituation im eigentlichen Sinne dramatisch werde, so führe ich aus, habe doch auch damit zu tun, dass es immer mit dem Zuschauer, genauer: mit der Befindlichkeit des Zuschauers rechne. Das Publikum sei bei Strauß doch immer Teil des Kalküls, Teil der Misere, möge man sagen. Nicht so plakativ wie bei Handke sicherlich, aber doch, wie der »Bocksgesang« das ja freigelegt habe, als ein mitschwingender, den Klang verstärkender wie verflüchtigender Resonanzraum, ohne den die Inszenierung nicht zu realisieren sei.

Gut, das sei verständlich, gibt Vera zurück. Aber das bedeute dann ja nur, dass man bei der Reinszenierung solch eines Theaters diese Schwingung des Auditoriums, das Temperament des Betrachters ebenfalls mitbedenken, im Zweifel die richtige Resonanz erzwingen müsse. Ein reizvoller Gedanke, konzediere ich. Ein Kunstwerk, das durch die Zeiten hinweg immer wieder neu sein Publikum formatiere, auf Linie bringe, überschreibe. Vielleicht könnte man das ja machen, vielleicht kehrte Strauß erst so wirklich wieder. Aber was wäre der Preis? Ein durchdringender Blick fällt auf mich.

Es ist früh geworden im dritten Bezirk, und wir verlassen die Bar. Jene, die selbst nicht schlafen können, verwandeln sich in die Träume der Entsunkenen. So geht es mir, und während ich noch ein wenig am Wientalkanal sitze, um mich her das übliche Handelswesen, werde ich älter und unentschiedener. Irgendwann zieht es mich dann doch wieder ins Warme, die Beatrixgasse hinauf, wir finden schon den Weg. Als ich das Zimmer betrete, bläulich dämmert's schon durchs Fenster, sitzt da wer im Sessel und schläft, schläft immerfort. Ich will nicht stören und verschwinde ins Bad. Mir ist flau. Ich drehe die Hebelung in Richtung 38 Grad, das Wasser läuft mir geräuschvoll übers Gesicht. Und da, als alles um mich schwankt, kommt mir von unten her schon wieder Text entgegen. »Kalldewey«, lese ich dicht über dem Abfluss, in mattem Grau am Wannenrand; und für einen Moment glaube ich zu verstehen, was gerade geschieht. Doch je näher mir der

Boden rückt, umso eindringlicher überredet man mich, dass es sich nur um das Signet eines westfälischen Badezimmerausstatters gleichen Namens handle. Ein l verwischt, verschwindet, das Ypsilon verkümmert zum i, wie das auch meinem eigenen Namen kurz vor meiner Geburt widerfahren ist. Jetzt ist wieder Ordnung.

Als ich wieder zu mir komme, bin ich allein. Ich vermisse meine Uhr. Und mir fällt ein, dass ich jemanden vergessen habe. Ich muss doch noch einmal fort.

IV

10. Lotte

Mit schlechtem Gewissen sitze ich an diesem Aprilmorgen im Foyer der Berliner Akademie der Künste. Die Frau, auf die ich warte, hat ihrerseits gestern genau hier vergebens auf mich gewartet. Ich war gerade vor einer Taubenhorde in ein Mannheimer Bahnhofscafé geflüchtet, als mich ihre Nachfrage nach meinem Verbleib erreichte. Ob ich mich etwa, entgegen ihren ausdrücklichen Anweisungen, nicht zur Akademie im Hanseatenweg, sondern zu der am Pariser Platz begeben hätte. Fiebrig versuchte ich mich zu erinnern, für welchen Tag wir uns verabredet hatten, und es dauerte eine Weile, bis ich mir sicher war, dass der Irrtum nicht auf meiner Seite lag, und ich Edith Clever etwas bestürzt mitteilen musste, dass sie sich in Bezug auf meine Person verfrüht hätte. Morgen, so versprach ich, wolle ich dafür umso pünktlicher sein.

Morgen, das war heute, und pünktlich um viertel vor elf habe ich mich eingefunden, wenngleich man vor elf Uhr hier keinen Kaffee bekommt. Das Foyer ist vollkommen unbeleuchtet. Weiter hinten, an einem der auf dem Waschbeton wild verteilten Tische, hat sich eine kleine Gruppe von Frauen niedergelassen, sie sprechen Englisch. Es müssen Künstlerinnen sein. Ich sitze nahe am Eingang, mit dem Rücken zum Panoramafenster, hinter dem ich dann aber doch urplötzlich eine hektische Bewegung erspüre. Mit einiger Nervosität orte ich ein wildes Flügelschlagen in der Buchsbaumhecke, das ich zunächst nicht zu deuten vermag. Als sich der Sperber aus dem Geäst löst, hält er einen Spatz in den Fängen, drückt ihn zu Boden, bohrt mit teilnahmslosem Blick die Krallen in sein Opfer. Ich wende mich ab.

Und zum Glück kommt nun auch meine Verabredung. Irgendwo aus dem Halbdunkel der Akademie taucht sie auf, nähert sich meinem Tisch. Ich stehe auf, wir begrüßen uns herzlich, als sähen wir uns nicht zum ersten Mal. So schön sei es, dass das nun geklappt habe mit unserem Termin, Manuel komme auch gleich. Den kenne ich nicht, aber vermutlich habe ich ein Detail am Telefon nicht mitbekommen.

Edith Clever sieht jünger aus als auf dem Foto, mit dem die *FAZ* vor ein paar Jahren die Eloge zu ihrem achtzigsten Geburtstag bestückt hat. Wobei:

Der Text ist mehr als eine Eloge. Ihr Verfasser – und es kann nur der eine sein – nimmt »die Clever« zunächst mit gebührendem Abstand in den Blick, sucht das gefährliche Zwiegespräch mit der Tragödin, die sich ihm als eine »Löwin hinter Gittern«, eine »Gefangene im Käfig ihrer Zeit« zu erkennen gibt.[150] Von dort an wird sie ihm zur »Parabel-Gestalt«, eine Erscheinung, an der sich die Wellen brechen, an der sich nichts weniger als der Stand der Welt zeigt:

> [S]o müßte, wer von der Clever erzählt, vom Unbedingten ihrer Exklamation, ihrer Wahn- und Zornesausbrüche berichten als einer nie sonst erlebten Grenzberührung. Es geht um des Schauders Original. Es geht um ein Zittern der Hand nicht aus zweiter Hand. Dem Älterwerden des Künstler-Interpreten begegnet ein Sichverjüngen der alten Werke; näher rücken sie, immer andeutungsvoller werden sie, zum Begreifen nahe kommen sie einem und weichen doch im nächsten Augenblick zurück, entziehen sich wieder.[151]

So ist sie, »die Clever«. In ihr widerspiegelt sich eine ganze Theaterästhetik, die Überzeugung, dass Kunstwerke »ein Anspruch und keine Antwort« sind, ja: dass Kunstwerke grundsätzlich nicht »kommunizieren«.[152] All das liegt im Wesen dieser Frau beschlossen; die »Überschreitung von Person zu Figuration«[153] wohnt ihr inne. Edith Clever verkörpert wie keine andere die Strauß'sche Dramatik. Dementsprechend verwundert es kaum, dass der Autor in ihr auch seine berühmteste Figur – Lotte – schon frühzeitig wiedererkannt und auf sie zugeschrieben hat. Noch weniger überrascht es, dass er die eigene Unzeitgemäßheit programmatisch mit der ihren verknüpft und konstatiert, dass auch sie ihre großen Rollen lange auf der Bühne überdauert hat, obwohl »Vergleichbares nicht folgte«.[154] Das gemeinsame, absichtslose Ausharren in Dekaden, die einen nicht mehr zu erreichen scheinen, verbindet Sänger und Besungene.

Das Geräusch einer auf den Tisch gehievten Mappe reißt mich aus meiner Abschweifung. Ich lächle etwas verlegen, in meiner Unaufmerksamkeit ertappt. Wir schauen uns an. Und mir wird auf einmal klar: Die Frau, die mir da gegenübersitzt und mir ihr Projekt näher zu erläutern versucht, *ist überhaupt nicht Edith Clever*, wie ihr selbst gerade bewusst wird. Sie heißt vielmehr Veronika und ist bildende Künstlerin. Erwartet hat sie jemanden, der sich mit Audiotechnik auskennt, es geht um den Nachlass ihres Mannes, der Tonkünstler war. Etwas konsterniert bleiben wir kurz noch voreinander sitzen. Auf wen ich denn eigentlich warte, möchte sie wissen. Ach so, Edith

Clever, nun, *die* kenne man ja. Es folgt ein herzlicher, doch nicht ohne leichte Enttäuschung vollzogener Abschied.

Und erst jetzt, als im versteckten Winkel des Foyers zwei Lichter erglimmen, das Spülgeräusch der startenden Kaffeemaschine die Hallen durchdröhnt, sehe ich sie wirklich kommen. Gut gelaunt ist sie, und immer noch sieht sie jünger aus als auf dem Foto. Keine lange Begrüßungszeremonie, gedanklich eingeführt ist sie jetzt ohnehin schon.

Die Geschichte, die Edith Clever mir erzählt, ist in gewissem Sinne eine Familiengeschichte, die Geschichte einer Theatergeneration und ihrer Bühne, eine Geschichte von Freundschaft und Zerwürfnis, eine Geschichte mit Anfängen und Ende, das letztere sicher eng verknüpft mit Peter Steins Abschied von der Schaubühne.

Clevers Weg in diese Familie führt durch die bewährten Schauspielinstitutionen der alten Bundesrepublik. Ihre Ausbildung erhält sie an der Münchner Otto-Falckenberg-Schule; nebenher schaut sie sich Kortners Proben in den Kammerspielen an, spürt die ganze Ambivalenz der Regiegewalt, ihre Verwobenheit mit der dunklen Geschichte des deutschen Theaters: Hier der aus dem amerikanischen Exil zurückgekehrte Kortner, dem Widerstandslosigkeit unerträglich ist und der gerade deswegen seinen Schauspielern heftig zusetzt, damit diese lernen, sich zu wehren; dort, auf der Bühne, die Hilflosen, die aus Angst vor seiner Autorität ebenjene Widerstandskraft nicht aufbringen können und daran bisweilen zerbrechen.

Sie selbst durchlebt die üblichen Demütigungen und Herablassungen bei Vorsprechen; »zu leise« sei sie schlichtweg, wird Edith Clever einmal beschieden, immer wieder unterbricht man sie während ihres Vortrags. Schließlich doch ein erstes Engagement am Staatstheater Kassel; 1966 wechselte sie an das unter der Intendanz Kurt Hübners internationales Renommée erlangende Theater Bremen. 1971 holte sie Peter Stein von dort in das neu entstehende Ensemble der Berliner Schaubühne am Halleschen Ufer, jenes ersten Mitbestimmungstheaters[155] der Republik, an dem sie unter Steins Ägide in den kommenden Jahrzehnten Theatergeschichte schreiben sollte, gemeinsam mit Otto Sander, Jutta Lampe, Bruno Ganz – und eben: mit Botho Strauß, in dessen *Peer Gynt*-Bearbeitung Clever 1971 die Åse gibt. Von da an bleibt sie nicht nur eine Besetzungskonstante der Strauß'schen Dramatik, sondern avanciert nach und nach selbst zu einer Erscheinung, an der sich diese Dramatik reflektiert und ausagiert. *Groß und klein*, die Lotte, wird zu ihrem definitorischen Moment. Sie erkennt das Potenzial der Figur sofort: Gerade hat sie das Stück zum ersten Mal gelesen, da weiß sie, dass sie diese

Rolle spielen *muss* – und fordert sie in einem nächtlichen Anruf bei Peter Stein erfolgreich ein.

Die siebte Szene, »Falsch verbunden« überschrieben, sei es gewesen, in der sie die Lotte verstanden, in ihren eigentlichen Konturen erfasst habe. Ich habe Edith Clever in dieser Szene gesehen. Lotte alleine in grüner Einöde vor den Toren der Großstadt, es dämmert auf der Operafolie, aber ob zum Tag oder zur Nacht ist nicht zu entscheiden. Sie auf einem Stuhl, vor sich ein riesiges aufgeschlagenes Buch mit leeren Seiten. Der Monolog beginnt mit einem langen, wimmernd vorgetragenen »Wohin?«, und es dauert nicht lange, bis man begreift, dass das hier ein Gottesgespräch wird. Edith, Lotte, eine Frau, die geblieben ist, als alle anderen schon gegangen, als ihre Namen schon ausgelöscht sind. »So weiß wie das Buch darf ich aber nicht werden«, erkennt sie, die Betonung liegt auf dem »ich«. Lotte bleibt draußen, eine »Mißliebige«, Ausgesonderte, Berufene. Eine Braut Gottes, denn das soll sie werden, davor fürchtet sie sich:

> Ehrwürdiger Schöpfer, ich bitte Euch.
> Ich kann Euch weder Schale noch Kelch sein,
> und auch kein anderes Gefäß,
> Ihr wünschtet denn, ich zerspränge
> und ich platzte aus all meinen Nähten.
> Euch kann ich nicht auch noch aushalten![156]

Die *unio mystica*, die sich in dieser Szene vollzieht, ist obszöner Natur, ist Vergewaltigung, und so spielt Edith Clever das auch, ist Strafe. Man kann gegen diese Bestrafung revoltieren, den Unsichtbaren mitsamt dem Stuhl, auf dem er Platz genommen hat, zu zertrümmern versuchen: Die Defloration ist nicht rückgängig zu machen; man kann das Buch zuschlagen und von sich werfen, doch es hört nicht mehr auf zu bluten. Wen Gott sich erwählt hat, der entkommt ihm nicht, da kann man noch so oft »falsch verbunden« rufen: »[E]r dringt hin, wo er will«.[157] Es ist diese Szene, sagt Edith Clever, durch die Lotte als Figur *gezeichnet* sei. Gezeichnet, weil sichtbar werde, dass hinter ihrem Irregehen, ihrem »Vor-sich-Hinreden« die Konfrontation mit etwas stehe, das größer sei als sie. »Glaubeliebehoffnung« nennt Lotte es, und fernhalten von sich will sie es, aber es »kriegt sie klein«.[158] Da ist der Titel des Stücks: Das Große, das allzu Große im Kleinen, das Absolutum, gezwungen in die Gestalt einer arglosen Frau, die fortan als Störung durch den bundesrepublikanischen Alltag wandeln muss. Irgendwo wird man mit dieser divinatorischen Überlast doch wohl anlangen können: beim eigenen Bruder, den alten Freundinnen, den Männern – den abgelegten wie den neu erworbenen –, bei den Denkern und Forschern, auf der Arbeit, im Zweifel auch bei wildfremden Leuten, denen man des Morgens ins Schlafzimmerfenster hineinschaut.

Doch Lotte ist eben immer an der falschen Adresse. Dort oben, in ihren Mietswohnungsverschlägen, leben sie alle bloß nebeneinander her, mit ihren kleinen Affären, ihren Bürojobs und Illustrierten. Unbenennbar bleibt ihnen ihre Wirklichkeit: »Statt Krieg haben wir das«.[159] Hienieden, vor der Sprechanlage, zwischen den Klingelknöpfen wechselnd, steht die Lotte, sucht vergeblich nach einer verschütteten gemeinsamen Geschichte, nach denjenigen, die sie als jene erkennen, die sie ist: als eine »Gerechte«.

LOTTE Nein. Eine Gerechte ist –
Sieh: es gibt auf der ganzen Welt nur sechsunddreißig Gerechte. Nur sechsunddreißig auf der ganzen Welt! Die Zahl liegt fest. Sie steht geschrieben bei den alten Juden. Jedes Menschenalter erhält von Gott sechsunddreißig Gerechte, die die Welt zusammenhalten und die aber im Verborgenen leben. Niemand kennt sie, jeder weiß, daß es sie gibt. Es kann deine Nachbarin sein!
Sechsunddreißig Gerechte, die niemand kennt,
und auf denen steht die Welt.
MANN Und davon eine du.

LOTTE Ja. Zufall. Ich kann gar nichts dafür. Zufall.

MANN Und was tut eine Gerechte?

LOTTE Gehet ihrer Wege. Lernt die Menschen kennen, hilft, wo sie nur kann. Hilft eben immer.[160]

Gelesen hat Lotte das vermutlich bei Gershom Scholem,[161] also zumindest so ähnlich. Und sie hat auch verstanden, was es bedeutet, zu den Gerechten, den »Zaddikim« zu gehören, zu denjenigen, die verurteilt sind, die Brücke zwischen Gott und Mensch zu sein, zwischen dem, was einst vereinbart wurde, und dem, was draus geworden ist. Das kann man eigentlich nicht aushalten. Von Natur aus kein »Erinnerungsmensch« und stets in der Angst, »an zuviel Gedächtnis« zu sterben,[162] untersteht Lotte zugleich dem Zwang, aus allem Gerede Sinn schöpfen zu müssen, so wenig es auch herzugeben scheint. Die schizoide[163] Anlage der Figur, die bereits in der in Agadir spielenden Eingangsszene voll durchschlägt, verdankt sich diesem Zwang: Lotte »hält die Welt zusammen«, das heißt, sie taucht in das Leben ihrer Mitmenschen ein, nimmt ihre Halbheiten und Gesprächsfetzen in sich auf, wiederholt den Sermon, um ihm Bedeutung abzuringen. Doch nichts fügt sich mehr, zurück bleibt Spaltung, bleibt Stimmengewirr, bleiben in Laute sich auflösende Sentenzen, bleibt »eine von einer etwas anarchischen Moral getragene, aber eben deswegen um so eindrucksvollere Warnung« an uns. Zurück bleibt eine Frau, die die Welt zusammenhält – insofern sie an dieser irre wird.[164]

Aber eben doch: »Ich bin eine Gerechte … Gott ist wieder da.«[165] Auch wenn sie an ihm zerbrechen: Den Anspruch aufs Ganze, aufs Richtmaß, den Anspruch, dem im Zweifel auch die Gemeinschaft mit der Gegenwart geopfert werden muss, werden die Gerechten, jenes »Häuflein der versprengten Einzelnen«, nicht mehr los. Sie müssen ihn mit ihrer Existenz durchsetzen. Carl Hegemann hat mit Blick auf den »Anschwellenden Bocksgesang« in Botho Strauß selbst einen Wiedergänger Lottes, einen »Zaddik der Kunst« ausgemacht, der »sich offenbar gezwungen« sah, »einzugreifen in die Gleichgültigkeit einer ruhig gestellten und seinsvergessenen Welt der bewusstlosen Selbstgerechtigkeit«.[166] Der Brief, den Hegemann daraufhin aus der Uckermark erhalten hat, beginnt mit den verräterischen Worten: »Ich darf ja nichts sagen.«[167]

Aber ist Lotte wirklich eine Figuration ihres Erschaffers? Ja: Der Dichter und seine Figur, sie teilen – auf je eigene Weise – das Leiden am »Verstehensgeräusch«.[168] Beide erkennen – auf je eigene Weise –, dass die Antworten, die sich ihre Zeit gibt, allesamt korrosive Wirkung besitzen, weil die Frage von Anfang an falsch gestellt war. (Sagt der Mann zur Frau: »Was heißt Hitler? Hitler heißt ja auch nix.«[169] So endet das Bemühen um Aufklärung dessen, was nicht aufgeklärt werden kann.) Aber doch auch Nein: Anders als ihr Schöpfer versteht sich Lotte nicht als »Abgesonderte«. Sie sucht ihr Heil auch nicht an den »magischen Orte[n] der Absonderung«,[170] sondern gerade unter den Menschen.

Darin bestehe gerade das Schmerzliche, bemerkt Edith Clever: Lotte entziehe sich eben *nicht*. Vielmehr sei sie durchdrungen vom Bewusstsein, dass sich ihr die Welt, die Menschen in einem fort entfernten. »Du wirst mir fremd« – in diesem Satz liege die ganze Existenz beschlossen.

Nicht *einander* fremd werden: In der Einseitigkeit der Entfremdung gründet die Grausamkeit. Die Dinge lösen sich, man bleibt, die anderen gehen. Sie verlassen einen schon, ehe sie dessen selbst gewahr sind. Längst ist man einsam unter ihnen. Und niemals kehren sie wieder von den Fremden.

Und so fließt der Vormittag dahin. Langsam gleitet unser Gespräch in die Reminiszenz, in eine episodenreiche Freundschaft, zwei Menschen, die an ihrer gemeinsamen Arbeit wachsen, einander auf Ideen bringen, auch wenn nicht alles glückt. Mit ihrer Inszenierung von *Jeffers Akt* – 1998 an der Schaubühne – ist Edith Clever bis heute unzufrieden und auch, dass Botho und sie Ende der Siebziger in den gerade eröffneten »Dschungel« in der Nürnberger Straße nicht hineingelassen wurden, ist ihr bis heute im Gedächtnis geblieben. Eng, vielleicht zu eng verflochten seien Bothos Dramen mit dem untergegangenen Westberlin, dieser ausgehaltenen Stadt, die ihre eigene Kultur hatte. Mit der Wiedervereinigung habe nicht zuletzt auch die Volksbühne und die Postdramatik Castorfs[171] ihren Siegeszug angetreten; die Regie habe auf einmal über dem Text gestanden, die Bühne sei eingeebnet worden. Auf einem solchen Theater aber könne man Stücke wie *Groß und klein* nicht mehr denken. Man müsse Strauß spielen – oder es lassen. *Tertium non datur.*

Das Foyer hat sich geleert, wir lauschen unseren Stimmen, die in den dunklen Gängen der Akademie nachhallen. Edith Clever trinkt ihren Kaffee aus, nickt mir freundlich zu, steht auf und geht nach hinten ab. Ich bleibe noch ein wenig. Wahnsinn.

11. Kurz vor dem Abschied

Am späten Nachmittag desselben Tages gehen dann wieder zwei Gestalten und ein Hund in der Uckermark nebeneinander her. Sie haben einen anderen Weg als beim letzten Mal genommen, Richtung Südost. Als sie aus einem Heckenweg ins Brachland treten, erhebt sich über ihnen, über dem ganzen Land ein durchdringendes, tiefes Knarren. Der Rabe, nickt der Ältere und schreitet weiter, ohne aufzusehen, dieweil der Jüngere seine Anspannung zu verbergen sucht und dann, tatsächlich, irgendwann das Tier auf einem wie vergessen in der Landschaft aufragenden Strommast entdeckt, reglos starrend, gebieterisch lautgebend.

Sie reden nicht viel, auch wenn ihr Gespräch vertrauter geworden ist. Der Ältere fragt nach seinen Freunden in den Städten, der Jüngere gibt Auskunft, so gut er es vermag. Sehr viel Privates weiß er nicht zu berichten. Doch ahnt er, dass sich unter den Kleinigkeiten, die er erinnert, größere Erzählungen verbergen, deren Bögen er im Gesicht seines Weggefährten ablesen könnte. Er verzichtet darauf.

Wenige Worte genügen im Vollmaß der Zeit. Kirschlorbeer ist eines von ihnen. Die Schweiz hat seinen Verkauf gerade verboten, das gibt zu denken, aber es wird gute Gründe dafür geben; Gründe, die gut genug sind, dem Gewächs auch hier oben künftig die Unterstützung zu entziehen. Ohnehin: Das Geläuf, die Felder, die ganze Aussicht bis hinüber zur nächsten Dorfkirche, sogar die beiden Frauen mittleren Alters mit ihren großkarierten Überhängen – es müssen Schwestern sein, so sehr gleichen sie sich –, die auf einmal in ihrem Rücken aufgetaucht und ebenso plötzlich wieder verschwunden sind, erwecken den Anschein einer von Grund auf kuratierten Welt. Der Ältere kennt sie nur zu gut, es ist ja seine Welt. Der Jüngere lernt sie erst kennen. Sie erreichen einen kleinen See, auf der gegenüberliegenden Seite durchbrochenes Schilf, am Ufer zwei Baumstümpfe; einer davon gehört sichtlich nicht an diesen Ort. Dorthin wollen sie.

Frühabendliches Licht liegt auf dem Wasser, macht es zittern, und die beiden sitzen davor und schauen es sich an. Das meiste, was nun zwischen ihnen verabredet wird, bleibt ohne Laut, bleibt gemeinsame Ahnung. Ahnung: dass sie hier nicht, wie es scheinen mag, Station machen, so, als gäbe es noch Weg und Ziel. Dass man nicht besser wird als seine Anfänge. Dass sie beide ohnehin nur Aufgehaltene sind und dieser Tag, wie geschrieben steht, nur ein »Aufhalter der endgültigen Nacht, des Endes in Finsternis«.[172] Eine Schar Graugänse zieht in Stille über den Wasserspiegel hinweg.

Am Abend finden wir uns in einem Restaurant ein, dessen Terrasse direkt an den Oberuckersee anschließt. Doch zu kalt ist es geworden, wir nehmen im Innenraum Platz. Ich bestelle einen Kräuterseitling mit Spargeln, Botho Strauß das Lamm, dazu Weißwein. Für einen kurzen Moment verirren wir uns im Literaturbetrieb und im Verlagswesen, in geschäftliche Fragen, aber es ist dann doch ein nur sehr kurzer Moment, bevor unser Instinkt uns zur prinzipiellen Frage von gelesenen und ungelesenen Autorschaften führt. Schnell zeigt sich, dass wir beide an ähnlichen mnemonischen Defekten leiden, was Autornamen anbelangt, wir Texte besser erinnern als ihre Verfasser, und so entwickelt sich ein interessantes Gespräch, in dem das Gegenüber jeweils erraten muss, von wem gerade die Rede ist. Gogol errate ich, Eduard von Keyserling wiederum er; der Name der Unterhaltungsschriftstellerin aus dem frühen 20. Jahrhundert, auf die er jetzt hinauswill, kommt mir jedoch auch nicht in den Sinn.

Das Essen wird gebracht und absorbiert unsere Aufmerksamkeit für die nächsten Minuten, bevor ich das Gespräch auf seine augenblickliche

Lektüre lenke. Henry James, *Der Wunderbrunnen*: ein rätselhafter, meist auch von James-Affinen übergangener Roman. Nicht wenig hat er gemein mit den Paarerzählungen, die sein heutiger Leser einst in die Welt gesetzt hat, kreist er doch ganz und ausschließlich um die mutmaßlichen Beziehungen zwischen seinen Figuren und die daraus resultierenden Vitaleffekte. Was ihn an dem Text fasziniere, sagt Strauß, seien seine »Nanomoralia«, um die ginge es auch in seinem nächsten Buch. Der Begriff kommt mir bekannt vor; ich habe ihn schon einmal gelesen, im *Fortführer*, da geb's das doch auch schon, diese Übersteigerung der »Minima Moralia«.[173] Richtig, genau darin liege ja die Aufgabe des Schriftstellers, in der Mikroskopie des Unerträglichen. Im Übrigen tauche das Wort in seinem Werk womöglich sogar noch früher auf, der Gedanke beschäftige ihn schon länger. Man müsse mal nachschauen.[174] Eigentlich könne er das aber auch selbst, das sei ja das Gute am Computerzeitalter, dass man die Fährten der eigenen Lexik so präzise nachverfolgen könne. Es gebe mitunter Texte, in denen sich diese Fährten regelrecht zu einem Netz verdichteten, wie er im Nachhinein feststelle. Die *Oniritti* etwa seien so einer.

Die *Oniritti*, erinnere ich mich: eine im eigentlichen Sinne doch halluzinogene Literatur, ein recht untypischer Strauß-Text. Traumschlieren, Abwendung vom Tageslicht, hinunter in die Höhlen von Lascaux, zu unserer Geburtsstätte, an der wir zu stammeln begannen.[175] Szenen, die einem, ist man mit dem Autor vertraut, irgendwie bekannt vorkommen, ziehen in einer gewissen Entfernung, fast unwirklich, bisweilen fantastisch verzogen, verformt an einem vorbei. Schöne, einprägsame Sentenzen dazwischen: »Leben heißt, Metaphernprobleme zu lösen.«[176] Und natürlich viele Totengespräche, Anselm von Canterbury, Gracián, Coleridge. Kryptenprosa. Im Gedächtnis geblieben ist mir ein ungenannter »nordischer Dichter«, und ich würde doch gerne wissen, von wem dieser Satz stamme: dass alles noch einmal wunderbar wird, kurz vor – Courths-Mahler!, das sei ihr Name gewesen, unterbricht mich Botho Strauß, und über dem Glück unserer Trouvaille verliert sich meine Frage. Die Saaltochter kommt zum Abtischen und bringt uns noch zwei Gläser Kräuterlikör, die uns milde stimmen, bevor wir wieder aufbrechen.

Auf dem Anwesen angekommen, verabschieden wir uns bis zum nächsten Morgen. Ich ziehe mich auf mein Zimmer zurück und beginne dort damit, aus dem Gedächtnis noch einige Details des heutigen Nachmittags zu notieren, mit denen ich für den Moment nichts weiter anzufangen weiß: Untreue, Kunst, Heiner Müller, die Walnussbaumplantage, die noch längst keine ist und die auch nicht so aussieht, als ob sie in diesem Jahrhundert noch eine werden wird. Noch habe ich mein Protokoll nicht beendet, als mich eine Nachricht von Frank Witzel erreicht: Aus unserer morgigen Verabredung werde wohl leider nichts. Er befinde sich gerade in Stuttgart und müsste auf dem Rückweg erst noch einmal in Offenbach vorbei. Das ist schade, wäre er doch mein einziger Termin in Berlin gewesen, und mit leeren Tagen vermag ich eigentlich nichts anzufangen. Kurzerhand beschließe ich inmitten der hereinbrechenden Müdigkeit, die Rückreise in die Schweiz vor der Zeit anzutreten. Und dann noch einmal, zum letzten Mal für lange Zeit: Träume.

Es wird hell, und schon bald treibe ich mich wieder ums Haus herum, steige den Hügel hinab zum Weiher, setze mich dort für ein paar Minuten auf den Steg und schaue den Mücken über dem Wasser zu. Auf dem Rückweg fällt mir ein völlig verrosteter Basketballständer auf einer kleinen Abraumhalde am Wegesrand auf. Jemand hat oberhalb des Korbs einen Querbalken angebracht. Oder war der Querbalken im Anfang, und dann erst später der Korb? Im Gegenlicht ist das nicht mehr zu entscheiden.

Zurück beim Haus wartet er schon auf mich. Man müsse zeitig fahren, der Zug nach Berlin gehe ja nur alle zwei Stunden. Wir sind früh genug am Perron, und so können wir den gestrigen Tag noch einmal Revue passieren lassen. Anregend, lehrreich sogar sei es gewesen, befinde ich, und er stimmt mir zu. Ob er denn heute noch schreiben wolle? Das nicht, aber eine Fahnenkorrektur stehe an. Im Herbst komme ja mal wieder ein Buch, es werde *Das Schattengetuschel* heißen. An was ich denn gerade so arbeiten würde? An einem Text über ihn, antworte ich. Ach ja, richtig. Das habe er ganz vergessen. Aber ich solle doch bald wiederkommen, spätestens im Sommer, wenn es wärmer sei. Dann könne man auch schwimmen. Wir verabschieden uns, der Zug aus Stralsund fährt ein.

12. Endor

Meine überstürzte Abreise aus Berlin führt paradoxerweise dazu, dass sich Franks Wege und die meinen nun doch kreuzen – wenn auch in einer anderen Stadt. So sitzen wir einige Stunden später in einem Eckcafé im Frankfurter Bahnhofsviertel, und Frank erzählt von seiner soeben erschienenen *Literaturgeschichte des 20. Jahrhunderts*, bei der es sich tatsächlich um das Simulakrum einer Literaturgeschichte handelt: um den Versuch, insbesondere die zweite Hälfte des deutschen 20. Jahrhunderts anhand nicht nur abseitiger, sondern in Teilen auch inexistenter Texte und Autorbiografien zu erzählen. Botho Strauß taucht – im Unterschied etwa zu Martin Walser – in diesem Buch nicht auf. Auf Nachfrage erinnert sich Frank an seine Lektüre der *Widmung*, doch möchte er vor allem wissen, was mich an diesem Autor eigentlich fasziniert. Das könne ich nicht so recht sagen, bringe ich zögernd hervor und merke, dass das Wort »Faszination« auch gar nicht das ausdrückt, was mir geschieht. Es verhalte sich anders, fahre ich fort; es fühle sich so an, als sei er in meinem Denken, und ich müsse herausfinden, warum.

Frank wundert dies nicht, ihn interessiert die Symptomatik. Ich solle ihm ein wenig von den Texten erzählen. Ich hole weit aus, bemühe mich um Überblick wie Präzision, während am Nebentisch ein robuster, auf Einwände von Unbekannten sicherlich wenig Wert legender Mann mit Sonnenbrille energisch in sein Mobiltelefon spricht. Als ich darob ins Stocken gerate, zieht Frank seine Überlegung weiter. Nach allem, was er nun von mir gehört habe, bliebe doch die eigentliche Frage, was das mit uns, mit dem Jetzt zu tun habe. Das sei ja immer die Vorhaltung gegenüber Strauß gewesen: dass die, für die er wichtig werde, von falscher Sehnsucht getrieben würden – einer Sehnsucht, die falsch sei, weil die in ihr ersehnte Welt uneinholbar vergangen sei, eine reaktionäre Fantasie, im sozialen Raum nicht denkbar. Wenn ich das nun aber ganz und gar nicht so empfände, wenn mir im Gegenteil das in diesem Werk sich aufspeichernde Bewusstsein aus meiner Wirklichkeit wieder entgegenträte, dann müsse man dieses Bewusstsein freilich auch benennen.

Einen Namen vermag ich ihm nicht zu geben. Noch ist die Denkbewegung tastend, kehrt immer wieder zurück zum Gefühl einer unentwegten Dramatisierung des Undramatischen, also zu einem affektreich überspielten Mangel. Das Empfinden und Aushalten dieses Mangels – darin ist etwas, was mich an die Welt von Botho Strauß bindet, soweit sehe ich. Wo aber blieb dasjenige, was nun fehlt, was auf eine Art und Weise verschwunden ist, dass ich seine Ferne noch spüre? Wo blieb der Zusammenhang? War nicht ein Teil von mir selbst dabei?

Man dürfe, meint Frank, das mit den Zusammenhängen und Verhängungen zwischen den Menschen nicht so eng sehen. Sie seien der Welt nicht einfach verloren gegangen. Sie seien wohl nur nicht da zu finden, wo alle sie vermuteten, im öffentlichen und im populärkulturellen Raum, auf den Schwundstufen des Politischen, im Gestus. Wir seien natürlich umgeben von diesen Verkennungen, setzt er hinzu, während eine hohlwangige Frau, deren Alter nicht zu schätzen ist, gerade auf der Münchener Straße vorbeiwankt, vor dem Seitenfenster des Cafés stehen bleibt und mich aus blassen Augen anstarrt. Heute sei eben alles ethisch, gründe Gesellschaft in den Zuckungen der Individualität, aus denen wir unsere Vorstellungen vom Bösen, von Schuld und Sünde herleiteten, was natürlich ein historisches Missverständnis sei.[177] Die Frau am Fenster verzieht ihren Mund zu einem Lächeln.

Ich wolle die Uhr aber auch nicht zurückdrehen, bemerke ich leise. Der gesellschaftliche Überbau, die Tragik der Polis, die sich von Generation zu Generation fortschreibe, jede sich neu verfangend in den Netzen der *Átē* – das sei ja alles nicht grundlos zerbrochen. Was mir bei Strauß begegne, das sei ja gerade nicht der Trotz wider die Geschichte. Siehe *Saul*: kein Pathos der Wiederauferstehung, stattdessen Verworfenheit, verkündet von einer Totenbeschwörerin und beschworenen Toten. Saul sei kein Held, sondern ein Mensch, der in der Gewissheit leben müsse, Gottes falsche Wahl gewesen zu sein, der an der »Disproportion von Amt und Talent«[178] zerbreche, ins eigene Schwert stürze. Ja, Gottes falsche Wahl, argwöhnt Frank, das sehe halt von hier so aus. Dabei sei einfach die Logik des Menschen schlichtweg eine andere als die göttliche, doch letztere leider die richtige.

Kurzes Schweigen und Nachdenken. Saul verkörpert tatsächlich, viel mehr noch als Hiob, diese Erfahrung: Der Einzelne findet keinen Weg mehr zu den anderen, keine seiner Handlungen, nicht einmal das Selbstopfer kann ihn noch in ihr Gedächtnis senken, es sei denn als Verfehlter. Keine Tragödie sei *Saul*, hatte Strauß mir noch gesagt, und mir hatte das auch unmittelbar eingeleuchtet, obgleich irritiert vom offenkundigen Selbstwiderspruch, findet sich in den Notizen zum Text doch der geradewegs gegenteilige Befund.[179]

Darin sei durchaus ein Sinn zu entdecken, gibt Frank zu bedenken. Natürlich gehe Saul als Stoff und Figur die Tragik vollkommen ab; als Handlung trete sie nicht nach außen. Aber in gedrängter, in zeichenloser Form existiere sie in seinem Innern doch fort, nämlich in der Annahme eines Schicksals, das weder geteilt noch mitgeteilt werden könne.

Frank hat gerade einen Essay zu Kierkegaard veröffentlicht, und in der Tat erinnert mich seine »Tragik des Innern« an das, was bei Kierkegaard das »religiöse Drama« genannt wird: Eine dialektische Reue, eine Reflektiersucht, die innerlich bleiben muss, weil sie, sobald sie nach außen, in Beziehung zur Mitwelt tritt, bestenfalls komisch wirken kann.[180] Als dramatische Figur betrachtet, wirkt der religiöse Held daher immer banal. Seine Introspektion löst sich in Wahn auf, sein Handeln mündet in Langeweile und Ödnis. Er darf im Grunde gar nicht auf eine Bühne, auf der man Entscheidungen verlangt.

Exakt, dekretiert Frank, doch müsse man auch Folgendes sehen: Gerade diese Bühne, die sich in den vergangenen Jahrzehnten sukzessive monumentalisiert habe, die überall und immer Positionierung abverlange – diese Bühne habe seit Langem kein sehenswertes Stück mehr geboten. Vielleicht sei nun die Zeit für ein anderes Theater gekommen, für andere Stoffe und Typen, für Dramen des schon Entschiedenen und des Unentscheidbaren. Vielleicht strömten mir aus genau diesem Grund jetzt auch all diese Texte und Gestalten entgegen.

Das mag sein. Vielleicht sollte man doch einmal wieder darüber reden, dass Schuld, einmal gewachsen, sich weder verrechnen noch wegtherapieren lässt, dass man sie annehmen, auf sich nehmen, aushalten muss, auch wenn man darüber zu verstummen droht. Es gibt in mir eine Sehnsucht nach dieser Verstockung und nach jenen, die auf dem Weg dorthin sind.

Ob ich die bei Strauß denn fände? Vielleicht. Es habe eher den Anschein, als fänden sie mich. Bei Strauß aber könne man lernen, wie und wo sie leben, die Insichgekehrten, welche Blüten ihre Resignation treibt – und wie weit man von sich abzusehen vermag. Wie lange man sich ertragen kann. Und wie viel Klarheit möglich ist. Strauß selber? Schwere Frage. Es sei viel Unbewusstes um ihn her.

Frank schaut auf seine Uhr, bald kommt mein Zug, wir zahlen. Ich schaue auf, die Frau vorm Fenster ist verschwunden. Doch als wir das Café verlassen, ist sie wieder da, steht vor der Kuchentheke und redet leicht verwaschen auf die Bedienung ein. Der Zahnstand verrät ihr Leben, das Zittern ihrer Hände das Begehr. Ihr müder Blick streift und erbarmt mich; sie aber will kein Mitleid, kennt sie mich doch viel besser als ich sie. Ein kurzes Nicken. Jetzt sind wir schon über der Schwelle, jetzt schon draußen, laufen über die

Felder, wo sie mit aufgedrehten Schlüsselringen Cracksteine aus den Bordsteinfugen ernten; mit aufgerissenen Augen liegen und träumen sie, selbstvergessen, alle paar Meter einer, Beduinen in der Wüste der Welt.

Am Gleis kurzes, beherztes Adieu. Schon bald wird man sich wiedersehen, in einem anderen, in meinem Land. Dann sollte das hier alles bereits fertig sein. Ich schicke dir den Text vorab, verspreche ich.

Der Freund verschwindet im Gewühl des Hauptbahnhofs, ich bin noch gar nicht fort, da habe ich ihn noch einmal am Apparat. Womöglich sei Botho Strauß ja doch ein Glaubensritter. In mir regt sich Skepsis. Wie er denn auf so was komme? Nun: Ein Denker sei's ja doch, der durchs Ästhetische, durchs Ethische hindurchgeschritten sei, der ganz genau um die Tragödie wisse und darum, dass sie seiner Wirklichkeit nicht mehr angehöre. Ein Mann des religiösen Stadiums, der mit und hinter seinem Werk nicht selbst verschwinde, sondern die Welt und alles ringsum sich verschwinden mache. Ein Übrigbleiber. Aha. Doch warum »Glaubensritter«? Hier, *Furcht und Zittern*, da stehe es:

> Er weiß, es ist schön, als ein Einzelner geboren zu sein, der im Allgemeinen sein Zuhause hat, seine freundliche bleibende Stätte, die ihn

mit offenen Armen aufnimmt, sobald er in ihr bleiben will. Aber zugleich weiß er, in der Höhe darüber windet sich einsam ein Pfad, eng und steil; er weiß, es ist furchtbar, einsam, außerhalb des Allgemeinen geboren zu sein, seinen Weg zu tun, ohne einem einzigen Wanderer zu begegnen. Er weiß sehr wohl, wo er ist, und welches Verhältnis er zu den Menschen hat.[181]

Ja. Den kenne ich. Wir sprechen uns.

»Ich will von nichts mehr wissen.«
E. M. Cioran, *Auf den Gipfeln der Verzweiflung*

Es war eine andere Zeit.

Und während ich noch im Zug saß, der mich von Frankfurt nach Zürich bringen sollte, und während auf der Höhe von Mannheim in der Ferne meine alte Heimat an mir vorüberzog, und während ich, aus dem Fenster starrend, den letzten Tagen nachsann, über stetem Fahrtgeräusch zu ersten Sätzen fand, Ordnung schaffte, Einzelheiten erinnerte und vergaß –; in jenen Abendstunden also entschied sich, von mir unbemerkt, in einem Maiensäß im Churwaldnertal ein Mensch dafür, aufzuhören. Dabei sollte ich ihm doch nach meiner Rückkehr noch von all dem erzählen, was mir da draußen begegnet war.

Diesem Menschen, der mir sehr fehlt, sei hier gedacht.

Anmerkungen

1 Im Folgenden zitiere ich den »Anschwellenden Bocksgesang« nicht aus dem Vorabdruck im *Spiegel*, sondern aus der im *Pfahl* abgedruckten Langfassung. Botho Strauß, »Anschwellender Bocksgesang«, in: *Der Pfahl* VII (1993), S. 9–25, hier S. 24.

2 Bernhard Greiner, »Wiedergeburt des Tragischen aus der Aktivierung des Chors? Botho Strauß' Experiment ›Anschwellender Bocksgesang‹«, in: *Jahrbuch der Deutschen Schillergesellschaft* 40 (1996), S. 362–378.

3 Jürgen Brokoff, *Literaturstreit und Bocksgesang. Literarische Autorschaft und öffentliche Meinung nach 1989/90*, Göttingen 2021, S. 96.

4 Filippo Smerilli, »Botho Strauß' ›Anschwellender Bocksgesang‹. Politik, Ästhetik und Theodor W. Adorno – eine Spurensuche«, in: *Wirkendes Wort* 53 (2003), S. 85–114.

5 Gottfried Benn, »Der Ptolemäer«, in: ders., *Sämtliche Werke*, Bd. V, Stuttgart 1986–2003, S. 8–55, hier S. 17.

6 Strauß, »Anschwellender Bocksgesang«, S. 13.

7 Ebd.

8 Ebd., S. 22.

9 Ebd., S. 21.

10 Ebd., S. 22.

11 Thomas Assheuer, »Was ist rechts? Botho Strauß bläst ins Bockshorn«, in: *Frankfurter Rundschau* (10.2.1993).

12 Peter Glotz, »Freunde, es wird ernst. Die Debatte geht weiter. Botho Strauß als Symptom der nationalen Wiedergeburt oder: Wird eine neue Rechte salonfähig?«, in: *Die Wochenpost* (25.2.1993).

13 Willi Winkler, »Ist Botho Strauß ein Faschist?«, in: *taz* (13.2.1993), {taz.de/Ist-Botho-Strauss-ein-Faschist/!1630315/}, letzter Zugriff 9.7.2024.

14 Peter von Becker, »Abschied von Botho Strauß …«, in: *Theater heute* 12 (1994), S. 4 f. Von Beckers Kommentar schließt an einen – gegen Strauß' Willen – veröffentlichten Briefwechsel mit Franz Wille an; sowohl die Veröffentlichung des Briefwechsels als auch von Beckers Kommentar führten wiederum zu heftigen, im Folgeheft dokumentierten Reaktionen und Boykottvorwürfen, denen die Redaktion der Zeitschrift qua Kommentar sich zu stellen versuchte (M. M., »Kein ›Boykott‹ …«, in: *Theater heute* 1 [1995], S. 62).

15 Begünstigt wurde diese Vereinnahmung durch die 1994 erfolgte Drittveröffentlichung von »Anschwellender Bocksgesang« in dem von Heimo Schwilk und Ulrich Schacht herausgegebenen Sammelband *Die selbstbewusste Nation*, in dem Strauß' Essay neben Einlassungen

von Brigitte Seebach-Brandt, Rainer Zitelmann, Gerd Bergfleth oder Ernst Nolte rückte. Mit dieser Nachbarschaft konfrontiert replizierte Botho Strauß in der oben erwähnten Korrespondenz mit Franz Wille: »Zu einem Band, der nun ›Die selbstbewußte Nation‹ heißt, hätte ich sicherlich keinen Beitrag geleistet, schon weil ich persönlich nicht über ein ausgeprägtes Selbstbewußtsein verfüge und auch nicht glaube, daß es mir aus dem nationalen Zusammenhang erwachsen könne. Es verhielt sich ja auch umgekehrt; die Herausgeber haben mich gefragt, ob ich einverstanden sei mit einem Sammelband, der den Titel meines Aufsatzes aus dem ›SPIEGEL‹ tragen sollte (wogegen ich später Einspruch erhob) und in dem verschiedene Autoren auf diesen Text reagieren sollten. Man zeigte mir eine Namensliste, und ich war damit einverstanden. Die einzelnen Beiträge habe ich vorher nicht gekannt und ich kann auch jetzt, wo ich sie kenne, nicht finden, daß auch nur einer unter ihnen so anstößig wäre wie mein eigener.« (Franz Wille, »Bekenntnisse eines Unpolitischen? Ein Briefwechsel mit Botho Strauß«, in: *Theater heute* 12 [1994], S. 1–4, hier S. 1.)

16 Strauß, »Anschwellender Bocksgesang«, S. 13.

17 George Steiner, *Von realer Gegenwart. Hat unser Sprechen Inhalt?*, München, Wien 1990, S. 163.

18 Botho Strauß, »Der Aufstand gegen die sekundäre Welt. Bemerkungen zu einer Ästhetik der Anwesenheit«, in: ders., *Der Aufstand gegen die sekundäre Welt. Bemerkungen zu einer Ästhetik der Anwesenheit*, München, Wien 1999, S. 37–53, hier S. 44.

19 »We fear that pop-culture is the only culture we're ever gonna have.« KMFDM, »Dogma«, auf: *XTORT* (1996).

20 Strauß, »Aufstand gegen die sekundäre Welt«, S. 47.

21 Ebd., S. 43.

22 Ebd., S. 42.

23 Ebd., S. 45.

24 Ebd., S. 42.

25 Ganz konkret in Emmanuel Lévinas Essay »La réalité et son ombre«, erschienen in: *Les Temps Modernes* 38 (November 1948), S. 771–789 (dt.: Emmanuel Lévinas, »Die Wirklichkeit und ihr Schatten«, in: Emmanuel Alloa [Hg.], *Bildtheorien aus Frankreich. Eine Anthologie*, München 2011, S. 65–86).

26 Strauß, »Anschwellender Bocksgesang«, S. 13.

27 Strauß, »Aufstand gegen die sekundäre Welt«, S. 51.

28 Ebd., S. 52.

29 Ebd.

30 Vor der nachstehend zitierten Passage aus *Der Untenstehende auf Zehenspitzen* (2004) erscheint der »Fulgurist« auch 1997 in *Die Fehler*

des Kopisten (dort S. 59) sowie im ZEIT-Essay *Wollt ihr das totale Engineering?* (in: *Die Zeit* [20.12.2000], {www.zeit.de/2000/52/Wollt_ihr_das_totale_Engineering_}, letzter Zugriff 9.7.2024). Bemerkenswert ist in diesem Zusammenhang, dass in der zwanzig Jahre später erfolgten Überarbeitung des Essays für eine Anthologie das »Ich« des Fulguristen wieder zu einem »er« wird: »Als Fulgurist glaubt er unbeirrt an den Blitz, der den scheinbar unumstößlichen Gegebenheiten, den Plänen und den Fortschreibungen irgendwann dazwischenfährt, das heilig Unvorhersehbare.« (Botho Strauß, »Sprengsel«, in: ders., *Die Expedition zu den Wächtern und Sprengmeistern. Kritische Prosa*, Hamburg 2020, S. 279–314, hier S. 304.)

31 Botho Strauß, *Der Untenstehende auf Zehenspitzen*, München 2004, S. 100.

32 Botho Strauß, *Die Fehler des Kopisten*, München, Wien 1997, S. 28.

33 Botho Strauß, *Paare Passanten*, München, Wien 1981, S. 39.

34 Botho Strauß, *Der Fortführer*, Reinbek b. Hamburg 2018, S. 78. Ein verwandeltes Bild: In *Die Fehler des Kopisten*, einundzwanzig Jahre zuvor, wurde dieselbe Szene nahezu wortidentisch erzählt – damals war die vom toten Vater befreite Frau noch ein Ich gewesen (Strauß, *Die Fehler des Kopisten*, S. 33).

35 Botho Strauß, *Die Fabeln von der Begegnung*, München 2013, S. 112–114.

36 Botho Strauß, *Vom Aufenthalt*, München 2009, S. 113.

37 Strauß, *Aufstand gegen die sekundäre Welt*, S. 42.

38 Botho Strauß, *Lichter des Toren. Der Idiot und seine Zeit*, München 2013, S. 31; zur Logik des Schleiers bei Botho Strauß siehe auch Uwe C. Steiner, *Verhüllungsgeschichten. Die Dichtung des Schleiers*, Paderborn, München 2006, S. 299–322.

39 Botho Strauß, *Der junge Mann*, München, Wien 1984, S. 15.

40 Ebd., S. 369.

41 Ebd., S. 370.

42 Ebd., S. 386.

43 Ebd., S. 232.

44 Ebd., S. 252.

45 Novalis, *Schriften*, Bd. III, Stuttgart 1960 ff., S. 61.

46 Ebd.

47 Strauß, *Der junge Mann*, S. 90 f.

48 Auch hierbei handelt es sich – wie beim »Anschwellenden Bocksgesang« – um einen der seltenen Ausfallschritte dieses Werks: Strauß' 2015 im *Spiegel* erschienene Glosse »Der letzte Deutsche« nimmt ganz offen eine Passage aus der acht Jahre zuvor erschienenen »Bewusstseinsnovelle« *Die Unbeholfenen* auf, weist das Selbstzitat auch aus und sieht darin unverhoh-

len ausgesprochen, »dass sich der Autor als dieser Letzte sah«. Zugleich wird alles Folgende jedoch wiederum an die »Fiktion« gekoppelt, nämlich an die, »ein Fortsetzer von Empfindungs- und Sinnierweisen zu sein, die seit der Romantik eine spezifisch deutsche Literatur hervorbrachten« – eine Fiktion, aus der wiederum ein »Roman« hervorgeht, »aus Geist-Stimmen komponiert« (Botho Strauß, »Der letzte Deutsche«, in: *Der Spiegel* 41 [2015], S. 122–124, hier S. 122 f., {magazin.spiegel.de/EpubDelivery/spiegel/pdf/139095826}, letzter Zugriff 9.7.2024).

49 Strauß, *Der junge Mann*, S. 38.

50 Ebd., S. 8.

51 Ebd., S. 279.

52 Ebd., S. 203.

53 Ebd., S. 10.

54 Ebd., S. 118.

55 Ebd.

56 Ebd., S. 148.

57 Ebd., S. 146 f.

58 Zur diskursiven Vernetzung der biokybernetischen Überlegungen Strauß' siehe Dirk Michael Becker, *Botho Strauß: Dissipation. Die Auflösung von Wort und Objekt*, Bielefeld 2004, insb. S. 172–208.

59 Strauß, *Der junge Mann*, S. 146.

60 Ebd., S. 357.

61 Ebd., S. 59.

62 Also sprach Reppenfries, der Sanitäter, ebd., S. 213.

63 Botho Strauß, *Beginnlosigkeit. Reflexionen über Fleck und Linie*, München, Wien 1992, S. 38.

64 Ebd.

65 Auf Fred Hoyle verweist Strauß, ebd., S. 9.

66 Ebd., S. 41.

67 Ebd., S. 19.

68 Ebd., S. 19 f.

69 »Gegenwart als Mysterium. Man ist der Eingeweihte einer Passage, die man nicht überblickt. Man versteht alles um sich herum in etwas zu alten Begriffen. Gegenwart ist immer unentschiedene Totale, Meer. Nur die Vergangenheit läßt sich in Bahnen verfolgen, Flüssen« (ebd., S. 79).

70 »Lesen als Halluzinieren. Lesen der Keilschrift: halluzinieren der gesprochenen Rede. Die Götter sind ursprünglich die Toten« (ebd., S. 58).

71 Friedrich Nietzsche, *Ecce homo. Wie man wird, was man ist*, in: ders., *Kritische Studienausgabe*, Bd. VI, München 1999, S. 293.

72 Strauß, *Beginnlosigkeit*, S. 41.

73 Ebd., S. 9.

74 Ebd., S. 89.

75 Ebd., S. 112.

76 Ebd., S. 81.

77 Ebd., S. 107.

78 Hans Blumenberg, *Arbeit am Mythos*, Frankfurt a. M. 1996, S. 18.

79 Botho Strauß, *Wohnen Dämmern Lügen*, München, Wien 1994, S. 102.

80 Ebd., S. 52.

81 Ebd., S. 83.

82 Martin Heidegger, »Bauen Wohnen Denken«, in: ders., *Gesamtausgabe*, Bd. I/7, Frankfurt a. M. 1975 ff., S. 146–164, hier S. 152 f.

83 Strauß, *Wohnen Dämmern Lügen*, S. 52.

84 Ebd., S. 35.

85 Ebd., S. 58.

86 Ebd., S. 61.

87 Ebd., S. 99.

88 Botho Strauß, »Sigé«, in: ders., *Fragmente der Undeutlichkeit*, München, Wien 1989, S. 33–65, S. 60.

89 Strauß, *Die Fehler des Kopisten*, S. 7.

90 Botho Strauß, *Ithaka. Schauspiel nach den Heimkehr-Gesängen der Odyssee*, in: ders., *Theaterstücke*, Bd. III, München, Wien 1991–2004, S. 73–151, S. 76.

91 Ebd., S. 120.

92 Ebd.

93 Max Horkheimer, Theodor W. Adorno, *Dialektik der Aufklärung. Philosophische Fragmente*, in: Theodor W. Adorno, *Gesammelte Schriften*, Bd. III, Darmstadt 1997, S. 98.

94 Ebd., S. 77.

95 Botho Strauß, »Einstweh und Wiedererkennen. Beginnlosigkeit. Notizen zu ›Ithaka‹«, in: ders., *Der Gebärdensammler. Texte zum*

Theater, Frankfurt a. M. 1999, S. 65–67, hier S. 67.

96 Eigentlich war für die Regie von *Peer Gynt* Claus Peymann vorgesehen; dieser hatte jedoch, wie das Peter Stein ausgedrückt hat, »den Ansatz verloren«. Tatsächlich war Peymann mit dem Mitbestimmungstheater kollidiert, wollte – gegen den gemeinsamen Entschluss – lieber Peter Handkes *Der Ritt über den Bodensee* inszenieren und verließ dann auch nach dieser Inszenierung die Schaubühne wieder.

97 Botho Strauß, »Versuch, ästhetische und politische Ereignisse zusammenzudenken«, in: ders., *Versuch, ästhetische und politische Ereignisse zusammenzudenken. Texte über Theater 1967–1986*, Frankfurt a. M. 1987, S. 50–73, hier S. 53.

98 Ebd., S. 63.

99 Ebd., S. 51.

100 Ebd., S. 71.

101 Strauß, *Paare Passanten*, S. 115.

102 Georg Trakl, »Helian«, in: ders., *Sämtliche Werke und Briefwechsel. Innsbrucker Ausgabe*, Bd. II, Basel, Frankfurt a. M. 1995–2014, S. 262.

103 Strauß, *Paare Passanten*, S. 108.

104 Marcus Tullius Cicero, *Gespräche in Tusculum / Tusculanae disputationes*, Düsseldorf, Zürich ^{7}1998, S. 79.

105 »Καί τω μέν άφρονι το ζην λυσιτελές είναι, τω δέ φρονίμω άδιάφορον.« Miroslav Marcovich

(Hg.), *Diogenis Laertii Vitae philosophorum*, Bd. I, Berlin 2008, S. 156 (2.95).

106 Botho Strauß, *Jeffers-Akt. Stück in zwei Akten*, in: ders., *Theaterstücke*, Bd. III: *Fragmente*, S. 153–205, S. 168.

107 Ebd., S. 170.

108 Die zweite Inszenierung feierte dann unter der Regie von Luc Bondy am 4. Februar 1992 Premiere an der Berliner Schaubühne.

109 Botho Strauß, *Diese Erinnerung an einen, der nur einen Tag zu Gast war. Gedicht*, München, Wien 1985, S. 48.

110 Ebd.

111 Botho Strauß, *Schlußchor*, in: ders., *Theaterstücke*, Bd. II, S. 411–464, hier S. 422.

112 Ebd., S. 423.

113 Ebd., S. 463.

114 Ebd., S. 463 f.

115 Strauß, *Paare Passanten*, S. 10.

116 Siehe hierzu Bernhard Greiner, »›Bleib in dem Bild‹. Die Verweigerung von Geschichte(n) auf dem Theater. Peter Handke, ›Die Stunde da wir nichts voneinander wußten‹, und Botho Strauß, ›Schlußchor‹, in: Gerhard Fischer, David Roberts (Hg.), *Schreiben nach der Wende. Ein Jahrzehnt deutscher Literatur 1989–1999*, Tübingen 2001, S. 207–221, insb. S. 216 f.

117 Botho Strauß, *Schlußchor*, 463.

118 Heinrich von Kleist an Ulrike von Kleist; Leipzig, 13./14. März 1803, in: ders., *Sämtliche*

Werke. Brandenburger Ausgabe, Bd. IV/2, S. 244, hg. v. Roland Reuß, Peter Staengle, Basel, Frankfurt a. M. 1988–2010.

119 Strauß, *Schlußchor*, S. 435.

120 Franco Berardi, *After the Future*, Oakland 2011, S. 18.

121 Strauß, *Paare Passanten*, S. 118.

122 Antonin Artaud, *Das Theater und sein Double*, München 1996, S. 14.

123 Strauß, *Schlußchor*, S. 416.

124 Karasek schildert die Vorfälle in seiner Besprechung des Stücks im *Spiegel*: Hellmuth Karasek, »Theater: Vernissage der Gefühle«, in: *Der Spiegel* (23.5.1977), S. 198–200, {magazin.spiegel.de/EpubDelivery/spiegel/pdf/40862500}, letzter Zugriff 9.7.2024.

125 Strauß, *Schlußchor*, S. 423.

126 Botho Strauß, *Trilogie des Wiedersehens*, in: ders., *Theaterstücke*, Bd. I, S. 311–402, hier S. 313. Im Original: »Quand je sollicite doucement, au cœur même de l'angoisse, une étrange absurdité, un œil s'ouvre au sommet, au milieu de mon crâne.« Der Satz eröffnet in Batailles *Die innere Erfahrung* die Passage »Das Blau des Himmels«, die bereits 1934 entstanden ist und 1936 im achten Band des *Minotaure* erschien. Die spätere Neuübersetzung von Gerd Bergfleth weicht leicht im Wortlaut ab (vgl. Georges Bataille, *Die innere Erfahrung nebst Methode der Meditation und Postskrip-*

tum 1953 [Atheologische Summe I], Berlin 2017, S. 110).

127 Ebd.

128 Der Zusammenhang mit dem von Gerhard Richter und Konrad Lueg ersonnenen Label bleibt dabei eher lose, doch reflektiert; Moritz, der Direktor des Kunstvereins, weiß immerhin um den Ursprung des Begriffs und kann ihn auch kunstgeschichtlich verorten (Strauß, *Trilogie*, S. 372). Substanzielles zum »Kapitalistischen Realismus« bei Sighard Neckel, Monica Titton, »›Kapitalistischer Realismus‹: Die künstlerische Gesellschaftskritik«, in: Sighard Neckel (Hg.), *Kapitalistischer Realismus. Von der Kunstaktion zur Gesellschaftskritik*, Frankfurt a. M., New York 2010, S. 11–32.

129 Strauß, *Trilogie*, S. 398.

130 Helmut Fuhrmann, »Goethes Trilogie der Leidenschaft als Spiegel- und Kontrastfolie von Botho Strauß' ›Trilogie des Wiedersehens‹«, in: ders., *Sechs Studien zur Goethe-Rezeption*, Würzburg 2002, S. 123–135.

131 »Warum also, warum stehe ich vor dir und bin auf einmal nicht mehr als nur ein Durchblick, nur eine bessere Aussicht auf dich selbst, als vielleicht der Spiegel sie gewährt?« (Strauß, *Trilogie*, S. 320.)

132 Ebd., S. 398.

133 Ebd., S. 339.

134 Ebd., S. 387.

135 Ebd., S. 375.

136 »Die Katastrophe ist ein Dauerzustand; die Peripetie führt keinen Umschlag der Handlung herbei, weil sie nur aufgeregte Geschäftigkeit freisetzt und eine beiläufige Fehlreaktion heraufbeschwört; die Exposition breitet aus, was keine Entwicklung hat.« (Horst Denkler, »Botho Strauß: ›Trilogie des Wiedersehens‹« [Wiederabdruck], in: Michael Radix [Hg.], *Strauß lesen*, München, Wien 1987, S. 101–116, hier S. 112.)

137 Karasek, »Theater: Vernissage der Gefühle«, S. 200. Was er konkret als »unendlich weit entfernte Epoche« fixiert sehen möchte, schildert Karasek in extenso: »Wenn sein [Strauß'] Stück das Jahr 1975 beschreibt, dann nimmt es mit einer erstaunlichen Genauigkeit das wahr, was man etwas verlegen als Zeitgeist oder Zeitstimmung umschreibt. Das heißt: die Figuren zappeln in einem dichten Netz von Übereinkünften, Stimmungen, ideologischen Verabredungen, sie turnen ihre Seelenauf- und -abschwünge am Barren einer Sprache, die ihnen ganz allein gehört. Strauß, so scheint es, läßt sie in dieser ihrer Sprachhaut erstarren zu Bildern einer Ausstellung: Sie leben in Floskeln, die sie produziert haben und von denen sie nun reproduziert werden.«

138 Botho Strauß, *Der Park*, in: ders., *Theaterstücke*, Bd. II, S. 73–170, hier S. 135.

139 Karl Marx, »Der 18. Brumaire des Louis Bonaparte«, in: *MEGA*, Berlin 1975 ff., Abt. I, Bd. XI, S. 96–189, 679–761, hier S. 96.

140 Botho Strauß, *Kalldewey, Farce*, in: ders., *Theaterstücke*, Bd. II, S. 7–72, hier S. 46.

141 Man findet immer wieder Neues, ausführlicher dazu bereits Ines Lindner, »Kalldewey: Dionysos. Geschichte als Wiederholungszwang – Über Mythenzitate in ›Kalldewey, Farce‹«, in: *Theater heute* 10 (1983), S. 58–61; eine weitere Fundsammlung etwa bei Ursula Kapitza, *Bewußtseinsspiele. Drama und Dramaturgie bei Botho Strauß*, Frankfurt a. M. u. a. 1987, S. 218–222.

142 Strauß, *Kalldewey, Farce*, S. 25.

143 Ebd., S. 29.

144 Ebd., S. 40.

145 Ebd., S. 64.

146 Theodor W. Adorno, *Negative Dialektik*, in: ders., *Gesammelte Schriften*, Bd. VI, Frankfurt a. M. 1970, S. 153.

147 Strauß, *Schlußchor*, S. 429. Wolfgang Braungart hat das »Versehen« einst zum Zentrum seiner Deutung des Stücks gemacht, siehe ders., »Deutschlandbilder in Botho Strauß' Drama ›Schlußchor‹ (1991)«, in: *The German Quarterly* 78 (2005), S. 88–102; ebenso Bernd Stegemann, »Botho Strauß' ›Schlußchor‹. Ein Drama der verpassten Vereinigungen«, in: Artur Pełka, Stefan Tigges (Hg.), *Das Drama nach*

dem Drama. Verwandlungen dramatischer Formen in Deutschland seit 1945, Bielefeld 2011, S. 127–141, insb. S. 137 f.

148 Marion Gräfin Dönhoff, »Ein Stück über die deutsche Einheit? Anmerkungen zu Botho Strauß' ›Schlußchor‹«, in: *Die Zeit* (21.6.1991), {www.zeit.de/1991/26/ein-stueck-ueber-die-deutsche-einheit}, letzter Zugriff 9.7.2024.

149 »Sehr verehrte Gräfin Dönhoff, nun schreibe ich diese sonderbaren Stücke, in denen nichts klar ist, die Unschärfe selbst der Held, wie es meiner Meinung nach gar nicht anders sein kann, will man der Schwankungsbreite des Realen, einschließlich Gesinnung, Gesittung, Gefühl, nur annähernd Wahrnehmungsgerechtigkeit widerfahren lassen. Dies ist noch nicht die Optik aller Theaterzuschauer, aber doch, man darf sagen, schon eine recht geläufige, keineswegs exzentrische Anschauung. [...] *Schlußchor* gibt von der Wiedervereinigung lediglich einen Ereigniszeitraum, den Ruck, den Schrei, den Augenblick, der Seele und Sozietät – für kurz nur – geschichtlich erhebt, erregt und auch verwirrt. Es handelt in allen drei Teilen vom Auge und vom Augenblick, den man nicht gewärtigen, nicht ›sehen‹ kann. Plumper kann man es eigentlich nicht machen, es sei denn, man ist ein Knecht der Fernsehästhetik; in deren Rahmen würde freilich heute auch ein Stück von Hebbel wegen

aggressiver Unverständlichkeit abgelehnt.« (Botho Strauß, »Auge und Augenblick«, in: *Die Zeit* [2.8.1991], wiederabgedruckt in: ders., *Der Gebärdensammler. Texte zum Theater*, Frankfurt a. M. 1999, S. 123 f.)

150 Botho Strauß, »Die ganz und gar Außergewöhnliche. Edith Clever zum Achtzigsten«, in: *FAZ* (13.12.2020), {www.faz.net/aktuell/feuilleton/buehne-und-konzert/edith-clever-zum-achtzigsten-die-ganz-und-gar-aussergewoehnliche-17097418.html}, letzter Zugriff 9.7.2024.

151 Ebd.

152 Ebd. Edith Clever avanciert hier zu Strauß' Echofigur, deutlich vernehmbar wird in ihrem Spiel der berühmte Satz aus der Dankrede zum Büchner-Preis 1989, demzufolge die »Unübersetzbarkeit eines poetischen Textes in die Welt der Kommunikation [...] bereits zu dessen Voraussetzung geworden« sei. (Botho Strauß, »Die Erde – ein Kopf. Dankrede zum Georg-Büchner-Preis«, in: ders., *Der Aufstand gegen die sekundäre Welt. Bemerkungen zu einer Ästhetik der Anwesenheit*, München, Wien 1999, S. 23–35, hier S. 30.)

153 Strauß, »Die ganz und gar Außergewöhnliche«.

154 Ebd.

155 Schön aufgearbeitet ist diese Geschichte bei Vera Nitsche, »Theatermachen als Zeit-Erfahrung: Kollektive Produktionsverfahren in den

1960/70er-Jahren und zu Beginn des 21. Jahrhunderts«, in: *Germanica* 68 (2021), S. 113–128, insb. S. 117–119.

156 Botho Strauß, *Groß und klein. Szenen*, in: ders., *Theaterstücke*, Bd. I, S. 403–504, hier S. 487.

157 Ebd., S. 488.

158 Ebd.

159 Ebd., S. 481.

160 Ebd., S. 498 f.

161 Gershom Scholem, »Die 36 verborgenen Gerechten in der jüdischen Tradition«, in: ders., *Judaica* I, Frankfurt a. M. 1963, S. 216–225.

162 Strauß, *Groß und klein*, S. 446.

163 Zu Lottes Wahnsinn und zum Komplex der schizoiden Paranoia schon Elke Emrich, »›Der Mensch verliert das Bild vom Menschen‹. Zu ›Groß und klein‹, in: *Sprache im Technischen Zeitalter* 87 (1983), S. 225-241.

164 Scholem, »Die 36 verborgenen Gerechten in der jüdischen Tradition«, S. 225.

165 Strauß, *Groß und klein*, S. 501.

166 Carl Hegemann, »Ein Dichter unter den 36 Gerechten. Vorarbeiten für einen künftigen Antrag auf Seligsprechung«, in: Thomas Oberender (Hg.), *Unüberwindliche Nähe. Texte über Botho Strauß*, Berlin 2004, S. 74–79, hier S. 78. Hegemanns Deutung steht nicht ganz alleine; so betont auch Georg Stanitzek, dass der »Bocksgesang« »für die deutschen existenzialistischen Traditionen einsteht, die

den Essay als Medium des Rufs verwenden.« Nach Stanitzek hätte eine – immer noch ausstehende – Untersuchung dieser Traditionslinie »zu bedenken, dass eine prinzipielle Distanzierung von der Ruf- oder Appellstruktur unmöglich ist, weil sie als solche doch ubiquitär gegeben ist«. (Georg Stanitzek, *Essay – BRD*, Berlin 2011, S. 26 f.)

167 Carl Hegemann, »Die Gerechte«, in: *Die Zeit* (20.3.2008), {www.zeit.de/2008/13/Theater}, letzter Zugriff 1.8.2024.

168 Strauß, »Anschwellender Bocksgesang«, S. 19.

169 Strauß, *Groß und klein*, S. 468.

170 Strauß, »Anschwellender Bocksgesang«, S. 16.

171 Tatsächlich hat Castorf selbst – nach Stefan Bachmanns Rückzug als Regisseur – 2005 *Groß und klein* mit Kathrin Angerer in der Hauptrolle an der Volksbühne inszeniert.

172 Botho Strauß, *Vom Aufenthalt*, München 2009, S. 16.

173 »Es wäre Aufgabe des Schriftstellers, den inneren Aufbau und den Wirkungsradius von Unerträglichkeit in verschiedenen Lebensbereichen so minutiös wie irgend möglich zu beschreiben. Nanomoralia.« (Botho Strauß, *Der Fortführer*, Reinbek b. Hamburg 2018, S. 189.)

174 Er hat recht: In *Vom Aufenthalt* liest man Folgendes: »Was gegenwärtig befremdet, ist nicht das Abartige, sondern das Artige: das, was seine Art besitzt. Das Simulacrum einer

künstlich wiederhergestellten Sitte würde das Prinzip des Schonens von der Umweltpflege auf den Menschenverkehr zurückübertragen. Man würde herausfinden, wie man aus Nanomoralia, psychosozialen Spurenelementen dem Menschen wieder eine zweite Natur aufbaut.« (Strauß, *Vom Aufenthalt*, S. 210.)

175 Frei nach Bataille: »[...] telle apparaît la caverne de Lascaux, qui nous ramène, au fond des âges, à nos premiers balbutiements.« (Georges Bataille, »Lascaux ou la naissance de l'art«, in: ders., *Œuvres complètes*, Bd. IX, Paris 1979, S. 43.)

176 Botho Strauß, *Oniritti. Höhlenbilder*, München 2016, S. 96.

177 Wie es Kierkegaard schon versteht: »Es ist daher sicherlich ein Mißverständnis des Tragischen, wenn unsre Zeit dahin strebt, alles Schicksalsschwangere sich wandeln zu lassen zu Individualität und Subjektivität. Man möchte von des Helden Vorleben nichts mehr zu sagen wissen, man wälzt sein ganzes Leben ihm als seine eigne Tat auf die Schultern, macht ihn verantwortlich für alles, damit aber verwandelt man auch seine aesthetische Schuld in eine ethische. Der tragische Held wird dergestalt schlecht, das Böse wird recht eigentlich zum tragischen Gegenstande, indes das Böse bietet keinerlei aesthetisches Interesse, und Sünde ist kein aesthetisches Element.«

(Sören Kierkegaard, *Entweder/Oder. Erster Teil*, in: ders., *Gesammelte Werke*, 1. Abteilung, Düsseldorf 1956, S. 154 f.)

178 Botho Strauß, *Saul*, Reinbek b. Hamburg 2019, S. 83.

179 »Das erwählte Volk betreibt den elementaren Wechsel von der Theokratie zur Monarchie. Aus dieser Teilenteignung der göttlichen Führungsgewalt wird die Tragödie des Saul geboren« (ebd., S. 84).

180 »Börne sagt von Hamlet, dass es ein christliches Drama ist. Dies ist meines Dafürhaltens eine besonders gute Bemerkung. Ich setze dafür lediglich das Wort ›ein religiöses Drama‹ ein, und will also sagen: ›der Fehler ist nicht, dass Hamlet das ist, sondern, dass Hamlet das nicht geworden ist, oder richtiger, dass er überhaupt kein Drama sein dürfte.‹« (Sören Kierkegaard, *Stadien auf des Lebens Weg*, in: ders., *Gesammelte Werke*, 15. Abteilung, Düsseldorf, Köln 1958, S. 482 f.)

181 Sören Kierkegaard, *Furcht und Zittern*, in: ders., *Gesammelte Werke*, 4. Abteilung, Düsseldorf [2]1958, S. 84.

Literatur

Texte von Botho Strauß:

»Anschwellender Bocksgesang«, in: *Der Pfahl* VII (1993), S. 9–25.

Beginnlosigkeit. Reflexionen über Fleck und Linie, München, Wien 1992.

Der Aufstand gegen die sekundäre Welt. Bemerkungen zu einer Ästhetik der Anwesenheit, München, Wien 1999.

Der Fortführer, Reinbek b. Hamburg 2018.

Der Gebärdensammler. Texte zum Theater, Frankfurt a. M. 1999.

Der junge Mann, München, Wien 1984.

»Der letzte Deutsche«, in: *Der Spiegel* 41 (2015), S. 122–124, hier S. 122 f., {magazin.spiegel.de/EpubDelivery/spiegel/pdf/139095826}, letzter Zugriff 9.7.2024.

Der Untenstehende auf Zehenspitzen, München 2004.

Die Expedition zu den Wächtern und Sprengmeistern. Kritische Prosa, Hamburg 2020.

Die Fabeln von der Begegnung, München 2013.

Die Fehler des Kopisten, München, Wien 1997.

»Die ganz und gar Außergewöhnliche. Edith Clever zum Achtzigsten«, in: *FAZ* (13.12.2020), {www.faz.net/aktuell/feuilleton/buehne-und-konzert/edith-clever-zum-achtzigsten-die-ganz-

und-gar-aussergewoehnliche-17097418.html},
letzter Zugriff 9.7.2024.
Diese Erinnerung an einen, der nur einen Tag zu Gast war. Gedicht, München, Wien 1985.
Fragmente der Undeutlichkeit, München, Wien 1989.
Lichter des Toren. Der Idiot und seine Zeit, München 2013.
Oniritti. Höhlenbilder, München 2016.
Paare Passanten, München, Wien 1981.
Saul, Reinbek b. Hamburg 2019.
Theaterstücke. Vier Bände, München, Wien 1991–2004.
Versuch, ästhetische und politische Ereignisse zusammenzudenken. Texte über Theater 1967–1986, Frankfurt a. M. 1987.
Vom Aufenthalt, München 2009.
Wohnen Dämmern Lügen, München, Wien 1994.

Weitere Literatur:

Theodor W. Adorno, *Gesammelte Schriften*, hg. v. Rolf Tiedemann, Darmstadt 1997.
Antonin Artaud, *Das Theater und sein Double*, aus dem Französischen von Gerd Henniger, München 1996.
Thomas Assheuer, »Was ist rechts? Botho Strauß bläst ins Bockshorn«, in: *Frankfurter Rundschau* (10.2.1993).
Thomas Assheuer, *Tragik der Freiheit. Von Remscheid nach Ithaka. Radikalisierte Sprachkritik bei Botho Strauß*, Bielefeld 2014.

Georges Bataille, *Die innere Erfahrung nebst Methode der Meditation und Postskriptum 1953 (Atheologische Summe I)*, aus dem Französischen von Gerd Bergfleth, Berlin 2017.

Georges Bataille, »Lascaux ou la naissance de l'art«, in: ders., *Œuvres complètes*, Bd. IX, Paris 1979.

Dirk Michael Becker, *Botho Strauß: Dissipation. Die Auflösung von Wort und Objekt*, Bielefeld 2004.

Gottfried Benn, *Sämtliche Werke*, hg. v. Gerhard Schuster, Stuttgart 1986–2003.

Franco Berardi, *After the Future*, Oakland 2011.

Sigrid Berka, *Mythos-Theorie und Allegorik bei Botho Strauß*, Wien 1991.

Hans Blumenberg, *Arbeit am Mythos*, Frankfurt a. M. 1996.

Wolfgang Braungart, »Deutschlandbilder in Botho Strauß' Drama ›Schlußchor‹ (1991)«, in: *The German Quarterly* 78 (2005), S. 88–102.

Jürgen Brokoff, *Literaturstreit und Bocksgesang. Literarische Autorschaft und öffentliche Meinung nach 1989/90*, Göttingen 2021.

Marcus Tullius Cicero, *Gespräche in Tusculum / Tusculanae disputationes*, hg. v. Olof Gigon, Düsseldorf, Zürich [7]1998.

Horst Denkler, »Botho Strauß: ›Trilogie des Wiedersehens‹« [Wiederabdruck], in: Michael Radix (Hg.), *Strauß lesen*, München, Wien 1987, S. 101–116.

Diogenes Laertii Vitae philosophorum, hg. v. Miroslav Marcovich, Bd. I, Berlin 2008.

Marion Gräfin Dönhoff, »Ein Stück über die deutsche Einheit? Anmerkungen zu Botho Strauß' ›Schlußchor‹«, in: *Die Zeit* (21.6.1991), {www.zeit.de/1991/26/ein-stueck-ueber-die-deutsche-einheit}, letzter Zugriff 9.7.2024.

Helmut Fuhrmann, »Goethes Trilogie der Leidenschaft als Spiegel- und Kontrastfolie von Botho Strauß' ›Trilogie des Wiedersehens‹«, in: ders., *Sechs Studien zur Goethe-Rezeption*, Würzburg 2002, S. 123–135.

Peter Glotz, »Freunde, es wird ernst. Die Debatte geht weiter. Botho Strauß als Symptom der nationalen Wiedergeburt oder: Wird eine neue Rechte salonfähig?«, in: *Die Wochenpost* (25.2.1993).

Bernhard Greiner, »Wiedergeburt des Tragischen aus der Aktivierung des Chors? Botho Strauß' Experiment ›Anschwellender Bocksgesang‹«, in: *Jahrbuch der Deutschen Schillergesellschaft* 40 (1996), S. 362–378.

Bernhard Greiner, »›Bleib in dem Bild‹. Die Verweigerung von Geschichte(n) auf dem Theater. Peter Handke, ›Die Stunde da wir nichts voneinander wußten‹, und Botho Strauß, ›Schlußchor‹, in: Gerhard Fischer, David Roberts (Hg.), *Schreiben nach der Wende. Ein Jahrzehnt deutscher Literatur 1989–1999*, Tübingen 2001, S. 207–221.

Carl Hegemann, »Die Gerechte«, in: *Die Zeit* (20.3.2008), {www.zeit.de/2008/13/Theater}, letzter Zugriff 1.8.2024.

Carl Hegemann, »Ein Dichter unter den 36 Gerechten. Vorarbeiten für einen künftigen Antrag auf Seligsprechung«, in: Thomas Oberender (Hg.), *Unüberwindliche Nähe. Texte über Botho Strauß*, Berlin 2004, S. 74–79.

Martin Heidegger, *Gesamtausgabe*, Frankfurt a. M. 1975 ff.

Ursula Kapitza, *Bewußtseinsspiele. Drama und Dramaturgie bei Botho Strauß*, Frankfurt a. M. u. a. 1987.

Hellmuth Karasek, »Theater: Vernissage der Gefühle«, in: *Der Spiegel* (23.5.1977), S. 198–200.

Sören Kierkegaard, *Entweder/Oder. Erster Teil*, aus dem Dänischen von Emanuel Hirsch, Düsseldorf 1956.

Sören Kierkegaard, *Furcht und Zittern*, aus dem Dänischen von Emanuel Hirsch, Düsseldorf [2]1958.

Sören Kierkegaard, *Stadien auf des Lebens Weg*, aus dem Dänischen von Emanuel Hirsch, Düsseldorf, Köln 1958.

Heinrich von Kleist, *Sämtliche Werke. Brandenburger Ausgabe*, hg. v. Roland Reuß, Peter Staengle, Basel, Frankfurt a. M. 1988–2010.

Emmanuel Lévinas, »La réalité et son ombre«, in: *Les Temps Modernes* 38 (November 1948), S. 771–789.

Ines Lindner, »Kalldewey: Dionysos. Geschichte als Wiederholungszwang – Über Mythenzitate in ›Kalldewey, Farce‹«, in: *Theater heute* 10 (1983), S. 58–61.

M. M., »Kein ›Boykott‹ …«, in: *Theater heute* 1 (1995), S. 62.

Marx-Engels-Gesamtausgabe [MEGA], Berlin 1975 ff.

Sighard Neckel, Monica Titton: »›Kapitalistischer Realismus‹: Die künstlerische Gesellschaftskritik«, in: *Kapitalistischer Realismus. Von der Kunstaktion zur Gesellschaftskritik*, hg. v. Sighard Neckel, Frankfurt a. M., New York 2010, S. 11–32.

Friedrich Nietzsche, *Kritische Studienausgabe*, hg. v. Giorgio Colli, Mazzino Montinari, München 1999.

Vera Nitsche, »Theatermachen als Zeit-Erfahrung: Kollektive Produktionsverfahren in den 1960/70er-Jahren und zu Beginn des 21. Jahrhunderts«, in: *Germanica* 68 (2021), S. 113–128.

Novalis, *Schriften*, hg. v. Paul Kluckhohn, Richard Samuel, Stuttgart 1960 ff.

Gershom Scholem, »Die 36 verborgenen Gerechten in der jüdischen Tradition«, in: ders., *Judaica I*, Frankfurt a. M. 1963, S. 216–225.

Filippo Smerilli, »Botho Strauß' ›Anschwellender Bocksgesang‹. Politik, Ästhetik und Theodor W. Adorno – eine Spurensuche«, in: *Wirkendes Wort* 53 (2003), S. 85–114.

Georg Stanitzek, *Essay – BRD*, Berlin 2011.

Bernd Stegemann, »Botho Strauß' ›Schlußchor‹. Ein Drama der verpassten Vereinigungen, in: Artur Pełka, Stefan Tigges (Hg.), *Das Drama nach dem Drama. Verwandlungen dramatischer Formen in Deutschland seit 1945*, Bielefeld 2011, S. 127–141.

George Steiner, *Von realer Gegenwart. Hat unser Sprechen Inhalt?*, aus dem Englischen von Jörg Trobitius, München, Wien 1990.

Uwe C. Steiner, *Verhüllungsgeschichten. Die Dichtung des Schleiers*, Paderborn, München 2006.

Georg Trakl, *Sämtliche Werke und Briefwechsel. Innsbrucker Ausgabe*, hg. v. Eberhard Sauermann, Hermann Zwerschina, Basel, Frankfurt a. M. 1995–2014.

Peter von Becker, »Abschied von Botho Strauß …«, in: *Theater heute* 12 (1994), S. 4 f.

Franz Wille, »Bekenntnisse eines Unpolitischen? Ein Briefwechsel mit Botho Strauß«, in: *Theater heute* 12 (1994), S. 1–4.

Willi Winkler, »Ist Botho Strauß ein Faschist?«, in: *taz* (13.2.1993), {taz.de/Ist-Botho-Strauss-ein-Faschist/!1630315/}, letzter Zugriff 9.7.2024.

Dank

Für Gespräche im Hinter- und Vordergrund dieses Textes sowie für kritische Probelektüren danke ich Edith Clever, Alexander Fest, David Frühauf, Dieter Giesing, Carl Hegemann, Roland Koch, Christoph Steier, Simon Strauß, Vera Thomann, Barbara Weber und Frank Witzel. Und natürlich Botho Strauß.

Erste Auflage Berlin 2024

Großbeerenstr. 57A | 10965 Berlin
info@matthes-seitz-berlin.de

Satz: Monika Grucza-Nápoles, Cartagena
Druck und Bindung: Art-Druk, Szczecin
Umschlaggestaltung nach einer Idee von
Pierre Faucheux
ISBN 978-3-7518-3029-4
www.matthes-seitz-berlin.de